# 新媒体时代群众文化

王 辉 陈 亮 著

东北大学出版社

·沈 阳·

©王辉　陈亮　2017

**图书在版编目（CIP）数据**

新媒体时代群众文化 / 王辉，陈亮著. —沈阳：
东北大学出版社，2017.12
ISBN 978-7-5517-1776-2

Ⅰ. ①新… Ⅱ. ①王… ②陈… Ⅲ. ①群众文化—研
究—中国 Ⅳ. ①G249.2

中国版本图书馆 CIP 数据核字（2017）第 319624 号

出　版　者：东北大学出版社
　　　　　　社址：沈阳市和平区文化路三号巷 11 号
　　　　　　邮编：110819
　　　　　　电话：024-83687331（市场部）　　024-83680267（市场部）
　　　　　　传真：024-83680180（市场部）　　024-83680265（市场部）
　　　　　　E-mail：neuph@neupress.com
　　　　　　网址：http://www.neupress.com
印　刷　者：沈阳市第二市政建设工程公司印刷厂
发　行　者：东北大学出版社
幅面尺寸：185mm×260mm
印　　张：12.5
字　　数：238 千字
出版时间：2017 年 12 月第 1 版
印刷时间：2017 年 12 月第 1 次印刷
策划编辑：王　程
责任编辑：潘佳宁　　　　　　　　　　　　责任校对：图　图
封面设计：潘正一　　　　　　　　　　　　责任出版：唐敏志

ISBN 978-7-5517-1776-2　　　　　　　　　　　定价：58.00 元

# 前　言

　　当代中国，在党和政府的领导下，人们不断探索中国特色社会主义文化建设的新道路，力求尽快实现文化大发展、大繁荣。近年来，随着公民意识的觉醒和民主之风的盛行，我国的新媒体事件频频发生。新媒体多对多、互动性强的传播机制让更多的普通民众发声，新媒体事件是由社会性媒体发起和推动的有重大社会影响的历史事件，网络化用户群体主动参与网络讨论形成强势舆论进而影响事件进程，甚至将单一事件推进成持续的运动，是受到社会广泛关注的"网络狂欢"。以媒体技术的持续更新为前提，群众文化的发展更加具有时代性、先进性，形成了群众文化在当下社会的发展现状。

　　本书以新媒体在当下社会表现出来的时代特征为背景，以新媒体时代对群众文化发展的影响为主线，将关于群众文化发展的研究具体深入到群众生活的方方面面。本书主要对新媒体时代下的互联网方面进行相关研究和探讨，围绕当下新媒介通过互联网对群众文化的影响展开论述。尽管在党和政府以及群众的共同努力下，我国的群众文化在新媒体时代下取得了可喜的成绩，但从长远发展来看，其发展过程中存在许多问题，因此针对新媒体时代群众文化发展中出现的这些问题，本书作者进行深入思考，进而在本书的每个部分分别概括出促进新媒体时代下的群众文化发展的总体思路和具体对策，客观地认识新媒体对群众文化发展现状的影响，为未来群众文化的发展和进步、中国特色社会主义文化的繁荣提供有益的指导和借鉴，以便实现社会主义文化的和谐、繁荣。

　　文书分为五个部分。第一部分对群众文化路径进行了研究，从群众文化的概念、特点入手，分析其存在和发展的理论基础，提高人们的理论认知水平。通过深入而细致的了解，发现群众文化发展对当代社会生活产生了重大影响；第二部分主要分析新媒体时代的崛起，对当下群众文化建设的具体影响及发展策略，以及新媒体时代下群众文化建设存在的问题提出了相应对策；第三部分主要讲述新媒体时代下群众文化活动的开展，通过不同角度呈现新媒体对群众文化的影响；第四部分着重从新媒体时代的微时代通过互联网影响群众文化的发展进行叙述，同时分析微时代对群众文化的影响及发展中存在的问题并提出解决问题的策略；第五部分以新媒体时代互联网对非物质文化遗产的发展及影响进行分析。

著　者

2017 年 10 月

# 目　录

# 第一部分
# 群众文化路径研究

　　就目前发展体系而言，群众文化作为文化建设的基础，在整个文化发展进程中有着不可替代的作用。长期以来，群众文化受到各个方面的极大关注。在社会主义文化发展繁荣的今天，必须关注群众文化的发展，从群众文化的整体出发，深入研究，推进文化深入发展。群众文化作为当前基础性文化产业，对社会整体发展、社会进程的提升有必不可少的作用。针对当前群众文化出现的种种弊端，必须从文化建设根本入手，明确群众文化建设的重要性，提升群众文化的社会价值。

　　群众文化是继承和发扬民族精神的血脉和灵魂，是保障人民积极向上的精神家园，是促进国家经济进步、社会发展的重要支撑。我国社会主义和谐社会最初的构建理念就是打造一个"以人为本"的和谐文明社会体系，而群众作为社会的重要组成部分，只有提升群众的精神文化水平、满足群众对文化的需要，才能从整体上提升我国社会的文化建设水准，而建设群众文化就是提升我国文化建设水平、打造现代化和谐社会的一项有力举措。

　　群众文化本身蕴含重要的文化内容，是一切文化的根源。为了促进主导文化、精英文化、文化产业的进步发展，必须从群众文化的实际发展体系出发，结合群众的实际生活，开展多种文化活动，同时创新文化发展理念，在原有的文化产业基础上加强创新，为文化产业提供更广阔的市场份额。在今后的发展进程中以为人民服务为本，提升群众文化的普及性，保证群众文化在复杂的社会发展进程中得以延续。

　　第一部分阐述群众文化路径研究，包括两章。第一章以群众文化的内涵及特点为切入点，分析群众文化发展和时代价值，以及群众文化的文化价值和重要意义。第二章主要阐述群众文化建设工作的现状与发展策略，以群众文化建设的现状为切入点，分析建设群众文化遇到的问题，以及对群众文化相关工作的开展进行研究。

# 第一章　群众文化的发展

　　群众文化已发展成为当代文化的几种主要形态之一，群众文化是我国文化中一种具有特性的新兴文化形态。近年来，我国结合地域特色，立足先进文化发展前沿，精心引导和大力扶持群众文化活动，提早策划、精心组织，开展了主题鲜明、影响较大的一系列文化活动。因此，研究群众文化的特点及其作用对更深入地了解群众文化活动价值及发展有很大帮助，从而便于更加有针对性地开展活动。

　　群众文化虽然在一定意义上属于主流文化，但不具有主流文化的强制意味和专业文化（指艺术文化）的曲高和寡，也不具有大众文化的唯利益原则。群众文化是我国一种独特的社会文化现象。之所以说它特殊，是因为群众文化是伴随着中国共产党的成熟而成熟的，也就是说，群众文化自从成了中国共产党代表先进文化前进方向矢志不渝的追求与卓有建树的体现之后，便真正获得了价值观念、物质基础、文化制度的成长和成熟。从这个意义上讲，群众文化属于主流文化范畴，并随着共产党领导地位的稳步确立，逐步发展成为主流意识形态的话语方式。其文化工具论意义也随着我们党的工作重心的转移而逐渐变化，取而代之的是社会审美教育功能，成为与国民文化艺术素养的提高密切相关的重要文化形态，从而真正获得了相对独立的文化价值。近几年来群众文化活动的开展形式丰富多彩，它有着区别其他文化的特征及其作用，有着不可忽视的重大影响力。

## 一、群众文化基础知识

### （一）群众文化的含义

　　群众文化，是指人们职业外，自我参与、自我娱乐、自我开发的社会性文化。是以人民群众活动为主体，以自娱自教为主导，以满足自身精神生活需要为目的，以文化娱乐活动为主要内容的社会历史现象。群众文化的主体为群众，客体为活动。群众文化内容广泛，以文化娱乐活动为主要内容。群众文化包含了群众文化活动、群众文化工作、群众文化事业、群众文化队伍。广义上讲是人类社会进程中所创造的物质财富和精神财富的总和。狭义上是指社会的意识形态以及与之相适应的制度和组织机构。随着时代发展,由政府主导、社会参与形成的普及文化知识、传播先进文化、提供精神食粮,满足人民群众文化需求,保障人民群众基本文化权益的各种公益性文化机构和服务的总和也被称为公共文化。

### (二)群众文化的社会功能

群众文化在社会发展进程中有重要的作用,其社会职能广泛。群众文化作为人们课余时间消遣的重要活动,帮助人们缓解压力、重振精神,让人们全身心地投入到工作中去。以下将针对群众文化的社会职能进行深入分析。

#### 1. 娱乐与交流功能

随着社会的稳定,人们生活质量的提升,人们对生活的基本要求已经不仅仅局限于满足当前的生活,更追求高品质生活,各种娱乐活动成为人们放松自我的主要表现。但是在社会竞争力的压迫下,人们的工作压力大,将多数时间用在学习知识技能或其他工作上,娱乐放松时间少之又少,导致人们之间沟通交流的时间越来越少,人和人之间变得越来越陌生。所以,为了保证人们的生活充满活力,必须进行多种多样的娱乐活动,丰富文化生活的多样性,提升人们之间的交流沟通能力,让更多人参与到娱乐生活中去,缓解压力,提升生活的幸福感。

#### 2. 仪式和团结功能

生活中各种仪式活动和人们的生活息息相关。群众文化活动就是全面的"仪式活动",娱乐活动以各种各样的形式展现出来,增加人们的团队组织能力,人们在一个团队中进行娱乐活动,有效地提升了人们之间团结互助的能力。同时各式各样的文化活动使"仪式"变得丰富多彩。人们在和谐的氛围中参加活动,身心备感愉悦,同时促进了参与者之间的友谊和团结。

#### 3. 标志和代表功能

我国地域辽阔,民族众多,每个地区都有自己的文化特色,每种文化都是一个地域的重要标志。群众文化是城市文化意识形态的代表,是城市娱乐活动的标志。要求根据城市本身特色,结合城市风貌,积极构建具有城市风格的主流文化,注意继承传统文化,在原有的文化体系条件下创新发展体系,取其精华、去其糟粕,不断提升城市群众文化活动的发展能力,促进城市整体发展水平的进步。

#### 4. 符号与象征功能

群众文化作为基础文化,对当地文化建设有重要的影响意义。群众文化的质量直接影响了城市整体生活风气,是城市文化形象的象征,为了提升城市风气,必须发展具有象征性的群众文化活动，结合当地群众的实际能力，事先调查群众对各个文化活动的喜爱程度，有针对性地开展相关文化活动。

（三）群众文化活动的主要形式

群众文化活动分为两大部分。一是直接活动部分，即以群众自身为主角的各类创造活动；二是间接活动部分，即观赏他人的活动。根据群众文化活动的内容和形式，大体可将其划分为：文学艺术活动、宣传教育活动、文化科学知识普及活动、基层群众体育活动、游艺活动五个方面。

1. 文学艺术活动

文学艺术活动是群众文化活动中最主要、最普遍、最经常的活动。文学艺术活动包括创作、表演及评论活动。群众文艺创作是群众文艺活动的基础，是群众文艺繁荣程度的一个重要衡量标志。

2. 宣传教育活动

运用各种视听手段，根据不同时期党和政府的中心任务，及时宣传党的路线、政策、法令、英雄模范人物、改革和建设的成就等。

3. 文化科学知识普及活动

包括一般文化知识、科学技术知识普及，文学技术知识普及，文学艺术基本知识的传授及文化收藏活动，文化科学知识普及活动，历来是群众文化活动的一个重要方面。

4. 基层群众体育活动

基层群众体育活动是社会文化教育的组成部分，文体相连是群众生活中一项不可缺少的内容，它以体育运动为基本手段，以锻炼身体、增进健康、增强体质为目的，同时，对锻炼人们的意志、培养集体主义精神也起着积极作用。

5. 游艺活动

游艺活动是一种有广泛群众基础的康乐活动，具有一定的知识性和趣味性，对发展智力有一定的作用，同时也是一种极有效的放松身心的活动。

（四）群众文化的精髓

从专业角度来说，人们通常把文化分为专业文化和群众文化，二者之间最大的区别就是——专业文化从一开始就被注入了高贵的血统。但是至关重要的一点却不可否认，专业文化是从群众文化中衍生出来的精品。群众文化则是大众自娱自乐、自我创造出来的，其原因在于大众在主要从事经济事业后，获得物质上的满足感，但是面对精神文化的日益匮乏，出现了"社会存在度失衡化"。所以民间自发组织的以歌舞、绘画、节目表演为主要内容的群众性文化发展了起来。根据中国的历史与国情，多民族的特征保证了文化的丰富性。以傣族的泼水节活动为例，它既是民族文化，也是群众性质的文化，民众参与度、积极性高涨。换句话说，积极的、向上的、能被大众普遍认可的文化活动就是群众文化。

## 二、群众文化的特点

群众文化，是指人们职业外，自我参与、自我娱乐、自我开发的社会性文化。是以人民群众活动为主体，以自娱自教为主导，以满足自身精神生活需要为目的，以文化娱乐活动为主要内容的社会历史现象。这就使群众文化有了区别于其他文化的特征。

### （一）群众文化的主体为群众，客体为活动

群众文化与大众文化、专业文化在文化参与和享受上的最显著的区别就在于文化享有的民主性。一般来说，人民群众在文化实践过程中，主要处于文化受众的地位，文化参与显得十分被动。但由于群众文化背靠主流文化和专业文化，因而是面向最广大人民群众的。这正是专业文化和大众文化的文化专制意味的展现。群众文化由于对文化创造和文化享受的双重强调，人民群众能通过自身参与文化活动来实现文化接受与文化创造的双向转换，充分体现人民群众的文化主体地位。

### （二）群众文化内容广泛，以文化娱乐活动为主要内容

这是由群众文化的文化主体所决定的，一方面群众文化的主体是全体社会实践者，是全民参与的活动，它的文化内容和价值取向通过通俗的、丰富的活动形式，在社会各个阶层都能得到传播。另一方面，群众文化活动的开展，不受民族、区域、季节等时间和空间的限制，因而全国各地均能得到发展。且群众文化主要是通过娱乐活动来开展，在娱乐的气氛中来实现自身的意义。

### （三）独特的文化传递性

随着当代中国群众文化在多元化文化环境下的逐步发展，群众文化已经具备了新的文化内涵，群众文化的组织、创作、辅导、研究都扩大了文化视野，不仅考虑对象的需要，也考虑其他社会文化形态的状况，增加了与社会文化的互补意识。在这种"互补"中，通过社会美誉职能，比较温和地去调整，融合其他社会文化形态。由于具备主文化性质和与人民群众的"亲和性"，正好使群众文化成为主流文化意识

与人民群众互动的中介。一方面，主流文化需要利用群众文化的"文化亲和性"；另一方面，人民群众离不开群众文化的"主体价值实现"渠道。这使得群众文化的文化传递性具有了无法取代的独特性。这一特殊地位使其文化传递功能得到了最大限度的发挥，即实现了主流文化意识形态社会效益的最大化。其共同营造有利于社会主义精神文明建设的文化生态环境，这使群众文化具有了更加深刻的文化意义——社会文化中的美誉文化整合。

（四）强烈的文化传承性

群众文化是一种真正面向广大群众的文化。它在活动内容上对民间、民俗文化的充分利用，使它包容了中国传统文化的许多形式和精神。群众文化所涵盖的群众艺术与民间、民俗文化所涵盖的核心形态——民间文艺——在形态上有着明显的差异，如民间文艺的自在性、原生态属性，反映在具体的艺术作品中，就呈现出精华与糟粕并存的现象。所以在传承我国优秀的民间文艺过程中，形态成熟、主体自觉的群众文化，就成为既能让民间文艺保持民间文化特性又能让民间文艺获得主体价值观念支撑的必然选择。

（五）独特的创新性

保证群众文化艺术的创新性，是精神文化建设工作的前提。因此，在相关的工作中，需要适当与当地文化艺术发展实际相结合，在满足当地人群的精神文化需求基础上，进一步发展其潜在的相关艺术活动。例如，根据当地风俗习惯、重大事件等来进行文化活动的策划与创新，使文化艺术融于生活，新于生活，以领先的艺术活动来提升人们的兴趣，促进群众文化艺术的发展。

## 三、群众文化活动

（一）群众文化活动的时代价值分析

群众文化活动是客观存在的一种社会现象，也是一种独特的文化形态，主要是群众为满足自身知识需求和精神生活而开展的自我学习、教育、完善，自娱自乐以及掌握并创造文化艺术的活动，虽不具职业性，但极大地彰显了时代价值。

1. 有利于社会经济的发展

文化产业的振兴离不开形式多样的群众文化活动，而群众文化素质、思想觉悟、审美能力的高低又决定着文化市场的繁荣，尤其是群众文化活动普及、繁荣的区域，更利于带动当地的经济社会发展。首先，群众文化活动能够充分向公民传达文化知识，公民的知识含量得以有效提升。其次，群众文化活动的灵活性较强，且具有一定的趣味性，公民在积极参与时能够满足其对于娱乐的需求，人与人之间的交流、沟通频率逐步提高。通过参与群众文化活动，人们的工作、生活压力可以得到释放，与其他社会成员进行交流和沟通的机会也增多了，有效地推动了社会的稳定发展。因此，公民在具备优秀知识含量时，还会具备充分的工作热情，工作成效将会大大提高，社会经济发展得以有效促进。

2. 有利于社会管理工作的开展

群众文化活动管理与社会管理均属于群众工作，这就意味着必须深入群众，探寻群众路线，充分调动群众参与性、积极性、创造性，进而提高工作绩效。群众文化活动和社会管理工作在本质上存在相同之处，他们的主体都是人民群众，而且两者都要遵守以人为本的工作原则。一般来说，如果人民群众的阶层范围大，那么社会管理工作的难度也会随之加大。随着社会经济的迅速发展，人民的生活水平不断提高，社会管理工作也面临着新的挑战。在开展社会管理的过程中，要善于借鉴群众文化活动的优秀工作方法，通过有效途径提高社会管理工作的质量和水平。还要在党的领导下，使社会服务能力得到提高，从而激发人民群众参与文化活动和组织的热情，让人民群众能够主动参与到文化组织当中来，最终使群众的创新性和积极性得到提高，实现自我价值和社会价值的双向发展。群众文化活动能够为社会管理工作的开展提供借鉴，并且在党的带领下，能够显著地提高社会管理工作的服务水平和质量，激发人民群众参与群众文化活动的积极性和主动性，人民群众主动组织文化活动，能够充分地发挥群众的创造性，丰富人民群众业余生活的同时，还能够实现自我价值与社会价值的共同发展。

3. 有利于社会文明的传承

对于群众个人来说，参与群众文化活动能够使其业余生活得到丰富、视野得到开阔、身心受到熏陶，从而提高个人素质。除此之外，群众文化活动还有利于社会文明的传承，良好的社会风俗人情、精神和特点都能够通过群众文化反映出来，群众文化是一项不可多得的非物质财富。它的特点往往与当地的风貌有着密切联系，因此，当群众参加当地的群众文化活动时，就能够受到当地文化的感染，从而加深对当地风俗人情的认识。其中，团结向上体现最为明显。团结向上不仅是我国优秀的传统文化，也是民族中悠久的文明。通过参加活动，群众会对团结更加重视，并根据同组人员的互相监督与鼓励，加强公民团结向上的意识，进而能够有效地传承我国传统文化与社会文明。

人民群众具有强大的创造力。当前，大力发展文化产业需要的就是创新，通过丰富人民群众的文化生活，鼓励人民群众参与文化活动，能够有效地激发人民群众的创造活力，从而促进文化产业的发展，用文化来带动社会文明的传承。增强地方文化的感染力和凝聚力，进一步地传承社会文明。

4. 群众文化在新农村建设中的作用

信息化的今天，群众文化起着重要的宣传教育功能，通过办图书馆、文化站、信息馆及各种农业科技知识培训班等形式开展"三下乡"活动，千方百计地提高农民的文化水平，推广农业科学技术。满足农民群众日益强烈的学科学、学文化的愿望。通过各种健康向上的文艺文化活动，宣传党的方针政策，普及法律知识，传播现代文化信息和思想观念，从而改变农民的精神面貌，引导他们从根本上摆脱小农经济造成的宗法观念、自私保守观念的制约，提高他们创建新生活的信心和自我发展的能力，真正成为新时代、新农村的新型农民。

（二）群众文化的文化价值分析

群众文化的文化价值还包括文化的传承、文化的产业化等。这些都是群众文化的价值所在。群众文化不同于精英文化，产业化的特征也不如精英文化的产业化特征明显。另外，群众文化对民族文化的传承和弘扬也是具有一定的社会价值的。社会的构成主要有三个方面：人、自然、文化。我们所说的群众文化，是指人们日常生活及专业工作之外的一种文化活动现象。活动的参与面具有大众化和全面化的特点，具有工具化、风俗化的特点。群众文化建设主要是针对群众的生活需求而诞生和发展的，鲜明的社会功能性使其具有鲜活的生命力。群众文化活动作为社会文化的一部分，在构成社会文化要素中具有十分重要的地位。群众文化具有文化的标识，具有群众性的特点。构成了人们社会生活的全部。群众文化的社会功能和文化价值还有很多层面，限于篇幅不做细谈。在开展群众文化活动中，注重其社会功能和文化价值，可以更加科学有效地开展群众文化工作，为群众文化生活添砖加瓦，更好地满足群众的文化生活需要，为构建和谐社会、铸就中国梦发挥作用。

1. 主导文化充分体现群众文化

在国家经济文化迅猛发展的背景下，主导文化对其有着关键影响作用。群众文化自成立的那一天起，就已经与社会经济中倡导的主流文化相互交融，密不可分。通过主导文化与群众文化相结合，可以有效巩固国家倡导的价值理念，推进国家经济的不断发展。群众文化最为突出的一个特质就是参与人数众多。通常情况下，都是在轻松愉悦的气氛中开展，吸引群众自主参与，进而不断扩大文化号召力。群众文化的有效开展可以有效释放社会群众的工作压力，因此需要及时加强对群众文化的认知与重视，搭建一个主流文化自主交流的平台，指导社会群众有效开展群众文化活动，进而充分发挥出主导文化的文化价值。

2. 精英文化烘托群众文化

在实际构建社会主义文化过程中，需要将群众文化与精英文化进行区分，将其作为社会主义文化发展的源头，群众文化不仅是精英文化的物质基础，同时也是对精英文化的二次凝结。精英文化自身具备较强的文化性与层次感，在实际推进文化发展过程中，有效融合群众文化与精英文化，利用两者内在的关联性，针对现有文化形式展开不同类型的文化活动，而群众文化则是当前最佳的一种方式。我们需要侧重对群众文化进行剖析，自主处理好群众文化与精英文化两者间的关系，进而充分发挥出群众文化的功能。

3. 文化产业依附于群众文化

国家内文化产业的兴起与发展，在很大程度上取决于社会生活中人民群众的支持，群众文化作为文化产业链条中的重要一环，通常情况下，文化产业是建立在经济利益基础上的，将文化产业与其他产业对比可以看出，文化产业对于群众文化具有较强的依赖性。尤其是经济较为发达的地区，社会群众生活水平不断提升，文化艺术受到了越来越多人的关注，进而有效促成了文化产业。

### 四、发展群众文化的重要意义

作为文化建设重要组成部分的群众文化，由于其固有的特征和功能在构建和谐社会中起着不可代替的作用。群众文化从原始社会，人们的生产劳动之中诞生以来，就寄托着人们的美好社会理想，洋溢着和谐精神。因此，大力发展群众文化建设意义重大。

#### （一）群众文化促进社会主义核心价值观的成熟建设

群众文化在丰富人民精神文化活动的同时，也促进了社会主义精神文明建设。社会主义核心价值观的建设不仅仅取决于社会经济的发展程度和人们富裕水平，另一个重要因素就是文化建设。文化建设与经济发展从特定角度来说是站在同一水平线上的重要两点，只有相互结合才能共同促进社会主义的进步。从当前的国际大环境来看，国家之间的综合国力竞争更侧重于文化软实力的较量，群众文化作为提升文化软实力的重要部分，其发展状况与态势直接影响着国际文化市场的竞争。虽说群众文化与专业文化、文化产业相对比经济价值作用更小，但是对于外来人员来说，是对本民族、本区域人民生活素质和道德素质的最直观的集中体现。所以，群众文化对社会主义核心价值观具有不可忽视的促进作用。

（二）社会主义核心价值观指导群众文化的发展方向

社会主义核心价值观是当今中华民族精神之"钙"，一个人缺钙会得软骨病，一个社会、一个民族缺"钙"，就会得"精神空虚症"。物质贫乏不是社会主义，精神空虚也不是社会主义。建设中国特色社会主义，需要全体公民积极培育和践行社会主义核心价值观。社会主义核心价值观是经过实践锤炼、时间淘洗、人民监督检验总结出来的适用于中国社会发展的核心体系，是精华之中的精华。群众文化在发展建设的过程中对正确指导思想的需求很大，而在这个过程中，根据核心价值观所组织、规划的活动在初期都会围绕正确的大政方针去设计，而在之后的发展壮大过程中会逐渐并入主流的文化思潮之中，共同服务于国家发展与民族振兴。

（三）和谐是群众文化的重要特征

群众文化鲜明的民族特色、地域特征及其多姿多彩的形式有效地促进社会的和谐发展。群众书法、群众歌舞、群众戏剧等浩如烟海的群众文化作品中，都凸显着非常丰富的和谐的思想审美观念。群众文化对于维护社会稳定、增强民族凝聚力，发挥了不可或缺的作用。

（四）发展群众文化为构建和谐社会提供精神支撑

我们所要建设的群众文化是以社会主义制度为基础的，积极创作优秀的群众文化产品，为广大群众提供多种文化服务。要发扬群众文化以文载道、寓德于文、寓德于乐、寓德于情的传统，通过丰富多彩的群众文化活动，用先进的文化培育人、塑造人，丰富人们的精神内涵，提升人们的文化精神，使人们拥有良好的精神风貌，振奋的精神状态，高尚的道德情操，形成与社会主义市场经济相适应，与中华民族优秀传统道德相承接的优秀文化。

（五）建设群众文化，有利于化解矛盾，凝聚人心

随着社会的发展，各种利益关系和社会矛盾出现纷繁复杂的局面，人们的思想观念也发生了深刻的变化，思想活动的独立性、选择性、多变性以及差异性明显增强，建设群众文化有助于避免思想认识上的片面性和极端化，形成尊重劳动，关爱他人、维护公平、互相关爱、团结互助的社会风尚。

### 五、群众文化的组织和发展

#### （一）群众文化的组织方向

群众文化是人民群众在职业外为满足自身精神文化需要而采取的文化行为，是面向社会大众的一种文艺形式，承担着启迪教育群众、增强人的审美观念、提高人的文化素养、培育人的思想品德、促进人的全面发展的重要功能。其受众面最广，群众参与度最高，对群众精神文化生活的影响最大。笔者认为，宣传思想文化部门努力推动群众文化的繁荣发展，必须以习近平总书记文艺座谈会讲话精神为指导，突出三个主导。

1. 突出主角——老百姓

群众文化要服务好群众，就必须依靠群众，发动群众，发挥人民群众的主体作用。首先，文艺作品的创作要把基层老百姓作为主角。习近平强调，人民是文艺创作的源头活水。这就要求文艺创作必须从老百姓平凡生活中挖掘出动人故事，折射出他们的伟大和善良。其次，要把作品搬上舞台，让老百姓来演绎。这就需要进一步完善基层公共文化设施，为老百姓"唱戏"搭好台子，要由老百姓来说身边事、话邻里情。最后，要广泛动员老百姓来观看。不仅要通过送戏下乡、文艺巡演等形式，将群众文化产品送到群众家门口，还要创新活动载体，吸引老中青幼各年龄层次、职业群体、本地居民和外来人员参与到活动中来。

2. 把握主题——真善美

习近平强调，追求真善美是文艺的永恒价值。针对当前群众文化发展参差不齐，一些作品、表演中还存在不健康、不文明元素的现象，必须主题鲜明地弘扬真善美、抵制假恶丑。"真"就是真实。群众文化表现内容、形式和载体都要始终坚持"三贴近"的原则，做到来源于群众的生活、贴近群众的实际。只有对群众饱含真情，才能反映群众的真情实感、表达群众的喜怒哀乐。"善"就是要向善。坚持正确的价值导向，以正面典型、正面事例为主，讴歌凡人善举，凝聚正能量。"美"就是唯美。精心选择和编排文艺节目，坚决抵制庸俗、低俗、媚俗，做到形式上精致精美、表演上精益求精，把优秀的节目、作品展示给群众，引导群众文化沿着健康向上的道路蓬勃发展。

3. 唱响主调——时代性

习近平指出，每个时代都有每个时代的精神。现在，我国已进入改革深水区，社会矛盾叠加，各类思潮涌动，人们思想活动呈现独立性、多变性、差异性等特点。

宣传思想文化部门要义不容辞地担当起时代责任，在众声喧哗中凸显社会主流价值，在交锋交融中体现中国精神。要以群众活动为载体，用老百姓自己的语言、自己身边的事例来讲述中国好故事、传播中国好声音，用老百姓喜闻乐见的形式、丰富多彩的文艺作品来传播有筋骨、有道德、有温度的人和事。要高扬社会主义核心价值观的旗帜，把核心价值观生动活泼地体现到文艺创作之中，用作品形象地告诉人们什么是应该肯定和赞扬的、什么是必须反对和否定的，让群众在说、学、看中启迪思想，温润心灵。

与此同时，要大力传承和弘扬传统文化。习近平指出，中华优秀传统文化是中华民族的精神命脉，是涵养社会主义核心价值观的重要源泉，也是我们在世界文化激荡中站稳脚跟的坚实根基。传承和弘扬传统文化，保护和传承地域文化是很重要的一方面。只要将具有浓郁地域特色的民间文化、非物质文化遗产融入群众文化的创作和表演中，广泛开展优秀民间文化的教育普及活动，坚持古为今用、推陈出新，做到保护利用、普及弘扬并重，我们优秀的民族民间文化就一定会焕发出新的光彩。

（二）发展群众文化要注意的问题

1. 群众文化要凸显区域特点

紧扣所在区域群众文化项目的特色，采用妇孺皆知的种类，遵循重视、启发、完善、进步的原则，遵循显示主旨和多样性共存、丰富的现代氛围和正确的文化基调共存的理念，主动抓紧时机，把民族特征与突出的时代特点合理联系在一起，给予群众文化项目新生命、新体系、新思想。完全利用群众文化项目良好的整体作用与教育作用。例如，新年来临之际，全国百姓均会举行很多欢乐的节日活动，如舞龙舞狮、冰雕展览；文化宫也举行巨大的员工文艺汇演与趣味文化娱乐项目，区域化的群众文化项目通过节日而统一呈现、达到更好。群众文化项目要每年早做准备、仔细安排，树立榜样标杆，让节日中后阶段的群众文化项目完全符合老百姓娱乐、学习、发展的要求，并且让群众文化生活持续步入全新领域，给民族的发展带来深远影响。

2. 群众文化要满足市场化的要求

人们的文化消费方式多种多样，像凭借商品形象出现的歌舞厅、音乐餐厅、电玩城、KTV、台球室、网咖等，因为它们的文化种类丰富，很快受到人们的喜欢，但是以往的群众文化，由于简单无聊，无法达成人们随心所欲、自由轻松的愿望，从而容易被人们尤其被年轻人淡忘。

3. 群众文化要实现社会与经济效益的统一

群众文化活动本着保持公益的原则，落实改革，更好地建设文化产业，来改善资金紧张的问题，使文化产业欣欣向荣。伴随着老百姓物质生活条件的持续发展，精神条件的要求同样获得前所未有的提升。那么便应该存在和物质生产成长标准统一的文化产业进行系统性服务，丰富人民精神文化生活的要求。文化产业对群众文化生活的进步存在充分的促进作用，为市场经济规律影响文化和经济统一的结果，做好文化产业，可以取得社会效益与经济效益的共同进步。

（三）发展群众文化

1. 拓展群众文化的发展空间

群众文化应避免局限在某种领域或手段中，它需要探索更多种类，借助更多领域，如现在新兴的集团文化、校园文化、街头文化、商业文化等，均为新阶段群众文化的进步领域，一旦将此完善发展，群众文化活动便可以成为社会主义精神文明创建的优质承载力。例如，校园文化就是新形势下组织和发展群众文化的一个很好的着眼点。校园文化，指的是将丰富学生精神生活要求作为目标，将文化艺术项目作为关键部分的一类社会性文化。伴随学生由学校进入社会，学校文化的进步可以很好地推动社会文明与家庭文明甚至全社会文明的更好发展，所以，学校文化是增强学生修养及全社会人民的修养的根源。

2. 适当发展通俗文化事业

通俗接地气的文艺活动，更能契合人们的心理，更可以形象生动地突出人们的想法与情绪，正视普通的生活。所以，不光是我国，即使是世界市场，普通百姓同样更青睐当代的、通俗的、时尚的文化活动。但是在本国培养群众文化的路途上，通俗文化面临着危机，遭到忽视，在未来的群众文化活动上，必须处理以往的弊端。第一，应该落实整顿群众文化活动的传统形式、传统制度。当谈及城市群众文化活动时，总是可以联想到多种文艺比拼，省级城市进行省级比拼，市级城市进行市级比拼，县级城市进行县级比拼。但是群众认为，此类比赛是极其没有欣赏价值的，由于此类比赛无法从外部环境方面给予观众统一的艺术作品与艺术品鉴的独特气氛，全部的比赛流程毫无差别，并且在表演流程上，安排人员首先开题演讲，其次评委逐个打分，工作人员在会场忙忙碌碌，之后等待评委的颁奖仪式及其他流程，以上难以引起观众重新观看此种艺术活动的期待与冲动，诸如此类极其不具备观看价值的种种文化比赛项目必须进行全面的改观。第二，应该重视发展和培养通俗创作与演出人才。应该提供方便使群众文化工作者去通俗文化更丰富的城市吸取经验，进一步增加群众文化工作人员的综合能力。除此之外，增加资金帮扶，逐渐发展与利用音响器材、器乐器材同样是提高通俗文化而必不可少的，这是由于通俗的现代艺术与此类物质器材的关系是紧密相连的，它们同样为当今艺术的重要构成。

### 3. 注重发展城市广场文化

广场文化为当今城市文化氛围与整体文化力量的关键体现。在计划经济阶段，广场文化向来极其丰富，广场是城市居民重要的活动地点，为调动那时人们的精神生活起到了关键作用。改革开放到现在，广场文化即使不存在过去那样的独特影响，却还是人们精神生活的关键体现。广场文化主要存在四种类型，即街头文化、健身放松文化、大型娱乐表演与广场文化。构建广场文化，一定要遵循下列三方面原则：第一，广场文化应该注意与政治、经济的联系，尽量不要以利益为主。广场文化必须能帮助缓解人们生活工作的困难与辛苦，让人们感觉到欢乐的生活方法。第二，广场文化应该遵从大部分人的审美水平和经济水平。即使现在城市居民的经济水平逐渐转好，物质生活能力普遍增强，然而文化休闲经济消费的比重还是非常低。所以，一定要符合老百姓的经济接受水平。第三，应该具备指导性与鼓舞性，广场文化必须将社会主义精神文化作为原则，传承新时期的理念，一定要消灭庸俗落后的文化，以及和本国精神文明创建背道而驰的、不良的及被淘汰的精神产物。

### 六、结语

总的来说，发展群众文化艺术可以使人民群众的精神生活得到保障，增强人们的群众文化意识，提高人们的精神素养，丰富人们日常文化活动。同时也是对传统文化艺术的一种继承与发扬，充实了人们的精神世界。对维护社会治安、保障人们生活质量有一定的作用。是对社会和谐稳定发展的一项重要保证。总之，群众文化活动能够有效地促进社会的发展，因此，需要广大学者与管理工作者加强对其的重视，意识到其真正作用，并积极对活动进行创新，提高水平，为我国文化的传播奠定基础。中国传统文化源远流长，博大精深，不同区域的地方形成了各自以地方为特色的区域文化，形成了独具特色的地方文化。群众文化对我们的生活有着积极的作用，需要我们去发扬和发展。大力弘扬群众文化的工作，需要借助现代媒体网络，呼吁更多的群众积极参加到群众文化中。

# 第二章
# 群众文化建设工作的现状与发展策略

近些年来，随着社会的不断进步与发展，满足群众日益增长的文化需求成为当前精神文明建设的主要任务。与此同时，群众文化建设也受到了更多的关注，越来越多的地区加入了群众文化建设行列中，并且形成了多种带有地区特色、民族特色的群众文化。在这种情况下，如何使群众文化立足于现今文化发展前沿的同时，更加贴近群众，是当前群众文化建设中面临的重要问题。本章就群众文化工作的现状分析，展开对群众文化活动工作的探讨。

群众文化任务为社会主义精神文明构建的一项关键构成条件。此为给予人们工作之余的主动参加、积极娱乐、积极组织的社会性文化项目，建设安排合理，组织性强的建设与扶持的任务。它具备由浅入深的教育效果，在现代即为了发展教育现代人。借助多种多样的群众文化项目，使人们积极参加，感受艺术独特的魅力，进一步增强全民素养，促进经济与社会的发展。群众文化作为新时期构建和谐社会的一个重要途径，长期以来都受到国家的高度重视。随着我国经济与文化的不断进步与发展，群众文化在我国社会建设发展中发挥着越来越重要的作用。在当前经济、文化发展的新形势下，进一步推进群众文化建设、优化其发展路径有着重要的现实意义。

## 一、推动群众文化建设的价值与意义

群众的文化建设是社会精神文明建设的重要载体，是政府需要着重开展的重点工作。随着现代社会文明进步，经济建设的发展，拜金主义、享乐主义等不良思想在社会中产生了负面影响，使得社会风气不正。作为群众文化组织，我们需要进一步拓展群众的业余文化生活，使得老年人有更加积极的生活方式，不仅可以有效锻炼身体，而且可以进一步提升自己的文化素养，不断改造人生观、价值观，构建良好的社会风气。

（一）促进新时期和谐文明社会的构建

群众文化建设是构建和谐文明社会必不可少的一部分。我国社会主义和谐社会最初的构建理念就是打造一个"以人为本"的和谐文明社会体系，而群众作为社会的重要组成部分，只有提升群众的精神文化水平、满足群众对文化的需要，才能从整体上提升我国社会的文化建设水准，而建设群众文化就是提升我国文化建设水平、打造现代化和谐社会的一个有力举措。

（二）满足人们对文化生活的需要

改革开放以来我国经济持续发展，人民群众的物质生活水平不断提高，对于精神文化生活提出了更高的要求。但长期以来我国将工作的重心放在经济发展上，对精神文化建设的重视程度不够。当前国际经济形势变幻莫测，精神文化逐渐成为综合国力的决定性因素之一。文化活动是精神文化建设的重要方式，人民群众在参与活动的过程中得以缓解来自生活和工作的压力，人们之间得以进行交流和沟通，精神文化需求也可以得到满足。群众文化作为人民群众的精神"营养品"，可以很好地满足人们对精神文化的需求。尽管群众文化是一种自发性、业余性较强的文化活动，但是这种形式丰富多彩、没有专业元素的文化活动，却能满足群众的精神文化需求，文化工作者通过一系列的文化活动推动我国精神文明建设进程，人民群众在文化活动中提高了自身的文化素养。因而，它能有效地促进城市精神文明建设，引导人民群众积极主动地参与到社会精神文明建设中，潜移默化地提高城市人文文化水平，是构建和谐社会不可缺少的成分。同时，群众文化建设对于个人精神需求满足及我国教育事业发展都有着重要的意义。

（三）推进社会公共文化的建设

近年来，我国大力推进公共文化建设以提升我国整体的文化水平，为此在公共文化设施、场地及文化资源等方面投入了大量的财力与物力，也取得了较为明显的成就。然而仅仅完善文化建设外部环境是不够的，提升我国社会公共文化建设需要每一个公民的共同参与、共同努力。群众文化作为一种以人民群众为基础的文化活动，可以引导群众自发参与公共文化建设中，进一步强化公共文化建设的开展深度与影响范围。

（四）促进我国现代化建设

经济建设、政治建设、文化建设和生态文明建设是我国社会主义建设的主要内容。目前我国正处于经济发展和社会改革的关键时期，文化发展创新对于社会现代化建设的作用日益凸显，群众文化又是社会主义文化建设的重要内容，因而也得到了越来越多的重视。以人为本是社会主义科学发展观的要求，也是群众文化建设的首要原则。相关文化工作者要坚持走群众路线，将群众作为文化工作的核心，遵循全面发展的要求，转变自身工作观念，创新群众文化发展模式，推动我国社会整体精神文明风貌的提升，为社会主义现代化建设提供文化支撑。

## 二、群众文化工作的现状与组织工作的原则

（一）群众文化工作的现状

近年来，我国各级政府不断建立基层群众文化机构、努力推动新时期我国人民群众的文化建设、促进社会协调发展，基层群众文化工作已逐渐成为我国现代化建设的核心内容之一。在经济快速发展的新时期，我国基层群众文化建设进程的加快使得基层群众文化工作取得了很大的成就，主要表现在我国居民的文化生活得到了迅速丰富。特别是对于基层群众来说，我国大部分的城镇社区不仅增加了许多现代活动设施，而且活动场所和条件也比以前有所改善。许多社区不仅新增加了许多图书阅览室、老年人活动中心及包括社区舞蹈房、篮球场等在内的社区活动场所，使广大群众的日常生活更加富有激情，更加丰富多彩。还有一些街道或广场每年都会定期举办一些相关的活动来丰富基层群众的文化生活。

就群众文化建设的工作而言，目前采取的主要措施有以下几点：一是群众文化队伍的建设。当前各级群众工作单位较为注重管理、完善群众文化队伍建设。社区配有群众文化工作相关工作人员，并由财政部门按月给予一定的补贴。建立起了激励机制，吸引了优秀人才充实基层群众文化队伍，能坚持"走出去、请进来"的方式，通过实行公开招聘、考核等方式，不断加大引进文化专业技术人才的力度，吸引了优秀人才到基层文化机构工作。二是群众文化品牌建设。各个地区均注重本区域的群众品牌文化建设，立足于当地群众文化传统，善于重点打造特色群众文化活动，形成品牌。能够创作出优秀的具有地方特色和风格的戏剧、音乐、美术、书法、摄影、舞蹈、曲艺等群众文化作品。三是群众文化体制架构。公益性群众文化事业和经营性文化产业齐头并进。公益性文化事业面向社会，为全民提供公共文化产品

和文化服务。经营性文化产业面向市场，其产品和服务是精神产品，是经济产业在文化领域的表现。作为政府业务职能部门的文化馆（站）、文化服务中心，承担起了政府公共文化事业，宣传党的路线、方针、政策，开展群众文化活动，实现了人民群众的文化利益。

（二）组织群众文化工作的原则

首先，需要坚持弘扬主旋律的基本要求。以正确的导向与方针来开展繁荣群众文化创作的工作。在弘扬民族精神与时代精神的过程中，要兼顾文化的多样化，力求让群众文艺创作者能够以多重表现手法创作出具有鲜明特色、在艺术性与思想性均有较高深度的作品。其次，应当把握好不同类型文化的总体比重，要突出宣传的重点，落实好群众文化的创作组织工作。对于内容与形式符合广大人民群众喜好的活动，也要大力弘扬、鼓励相关活动；对于群众文学艺术作品的效益问题，应当统一其经济效益与社会效益，良好的经济效益能够在客观上激发群众对于文化活动的创作热情。鉴于此，相关管理机关应当改革内部体制，促进管理机制创新，发挥好组织工作对群众相关经济利益的促进作用。加大群众文化活动的宣传力度，努力推进文化产业与文化事业之间的协调式发展。

**三、群众文化工作仍存在的问题**

随着社会的进步和人们生活方式的变化，群众文化活动的基本形态呈现了新的走向，群众文化活动成为人们生活中的主题。群众文化活动组织与开展直接关系到千家万户群众精神文明的根本利益，是文化工作面临的重点和难点，同时也是一项需要长期抓实抓好的工作。只有群众文化建设得到长足的发展、精神文化生活不断丰富、文化需求得到满足、文化素质不断提高，人们才会以饱满的热情、良好的精神状态投身社会主义和谐社会建设。努力推动文化建设，切实满足人民群众精神文化需求，必将极大地促进地区物质文明、政治文明和精神文明的共同发展。群众文化建设是增加社区群众向心力的有效途径，通过精彩纷呈的群众活动来丰富居民的精神生活，更是进一步拉进了广大群众心的距离，让人们有着强烈的归属感，维系着良好的生活水平，同时群众在文化活动的过程中，身心能得到充分的愉悦，从而也对他们创造的文化更容易产生认同感。虽然社区文化建设有着一定程度的成就，可是还存在着诸多问题，很多建设措施流于形式，需要在建设中进一步改善。

（一）群众文化团队面临的主要问题

1. 群众文化建设形势比较单调

随着网络信息技术的发展、互联网的普及、交通事业的长足进步，文化传播进入到了一个前所未有的高速度，潮流前沿的群众文化活动形式能在短时间内迅速传播开来，不受地域、时间的限制，因此人民群众文化活动的需求和创新速度不可谓不快，但是与之相应配套的文化活动形式往往落后于实际需要，不能及时跟上。目前在进行基层群众文化建设工作的时候主要是依靠文化馆、文化活动中心等，但是随着社会的发展，科技的进步，人们已经不再满足传统形式的娱乐方式，传统的基层群众文化活动已经不能满足于当前新形势下的群众文化需求，但是目前还有部分地区在进行群众文化建设工作的时候比较缓慢，不懂得创新，比较单一死板，这样也很难跟上社会发展，不能适应当前环境，无法让基层群众文化建设工作有效开展。另外，我国文化艺术形式多样、内涵丰富，但真正体现在当前群众文化活动中的文化艺术形式却极为有限。除去人们最为熟悉的电视、电脑等文化传播工具外，也只有我们常见的广场舞、戏剧、乐器等文艺演出形式了，并且相比城市地区，农村群众文化活动的形式更加少见。这种单一的群众文化活动已经远远不能满足人们的文化需要，也远远落后于现代化社会发展的进程。

2. 群众文化活动开展不均衡

一些地方的部分群众文化工作只注重表面，偏向于形式主义和短期效应，给基层群众文化的积极有效开展带来了很多负面影响。目前的各类文化活动大部分仅限于城镇，导致乡村地区和偏远地区的群众文化活动开展情况不理想，部分地区群众文化工作易于轻视日常活动，过于注重培养精品文化活动。另外，就目前而言，大部分人都将群众文化建设的重心放到娱乐性而非文化性上，没有真正地认识到群众文化建设是以提升精神文化为基础的。人们会产生这种错误的认识，一方面与各地对群众文化建设宣传不足有关，另一方面则与当地群众文化开展较少，人们对群众文化建设不熟悉、不理解有关。由于人们对群众文化的认识有一定的偏差，导致在开展文化活动时群众的参与度不高，群众文化建设缺乏主动性，不能很好地发挥对社会文化建设与和谐社会发展的推动作用。

群众文化的普及对人们的精神生活有着重要的积极的影响，而要想更好地建设群众文化，就需要人们在加大对群众文化的形式创新时充分地考虑到群众的参与性，只有充分提高群众的参与性才能使群众文化更好地满足人们的精神需求。

3. 思想重视不够

群众文化事业建设是社会事业建设的重要组成部分，国家重视经济发展，忽视文化事业建设，导致文化事业建设存在较多的发展隐患。长期以来，国家通常以经济数字对国家的政绩发展情况进行衡量，将社会的发展意识建立在经济的硬性指标上，导致群众对社会文化的思想意识不强，存在偏差性认识，群众文化事业建设呈现出缓慢发展趋势。在这种思想指导下，他们忽视了文化建设对经济和社会发展的影响，在工作中将文化建设排在各项工作的最后，没有认识到文化事业建设对推动社会发展和构建和谐社会的重要性，结果导致对群众文化建设工作领导不力，无法促进人民群众生活水平的提升，文化建设落后于经济的发展，各项建设工作不能与社会发展相适应，影响了群众文化的建设。

4. 经费投入不足

虽然当前国家对文化建设有了新的政策，积极推进文化建设工作的顺利开展，但是也有一些地方政府会把这项专项资金用在其他方面的建设，对基层群众文化建设方面的投入相对较少，所以在进行这项工作的时候受到资金局限，很难开展基层群众文化建设工作。经费是开展群众文化活动的基本物质保证。通过调查分析，由于群众文化活动经费来源渠道极大地制约了文化建设的发展，在数额较少、需要开展活动较多的情况下，导致文化生活形式单调，内容单一，大部分社区活动，服装、道具等物品都是社区居民自己支付的，经费不足是影响和制约文化发展的重要因素，造成文化活动绝大部分停留在中下水平，尽管文化管理部门对文化建设的资金投入逐渐增加，但高层次的文化交流还是难以开展，更多地造成了部分群众性文化活动缺乏经常性、持续性及周期性，不能全方位满足群众的需要。

5. 群众文化队伍素质不高

随着经济的不断发展，人们生活水平和生活质量不断提高，如今越来越多的人加入到群众文化队伍中来，就会造成来自各方面的人都聚集在一起，其素质水平也参差不齐，真正理解文化、善于经营、精通管理的人才却大为缺乏。一方面，一些文化单位没有起到监督和把关的作用；另一方面，文化单位对现有的文化从事者缺乏定期的培训和指导，导致了知识体系落后，技能得不到提高，跟不上时代的发展。

（二）群众文化建设的管理不到位

1. 群众文化建设缺乏有效的管理机构

对于群众文化工作中的志愿者或者是兼职人员来说，由于工作、时间、精力等多重原因，很难全心投入到文化建设中，从而导致群众文化工作管理人员不足，居民文化活动缺少有效的组织、协调、指导；同时，由于群众文化干部的待遇与专业文艺团体存在较大的差距，加之工作任务繁杂，存在着现有文化管理干部队伍人员不稳定问题。

随着社会的发展，越来越多的人认识到了基层群众文化建设带来的好处，但是缺乏专业的群众文化建设管理人员来进行统一管理，如果缺乏专业的管理人员就无法给基层群众文化建设起到领头羊的作用，也无法建立对应的吸收和招揽群众文化建设的人才平台，导致群众文化建设无法前进。另外，有一些文化机构很想要做好基层群众文化建设工作，但是因为缺乏有效的管理机构，导致在实际基层群众文化活动中出现开展群众文化活动困难等问题。此外，缺乏有效的管理机构也会导致基层群众文化建设工作人员无法得到相应的培训，造成他们专业能力和素养不能得到有效提升，导致他们的思想观念停滞不前，在进行群众文化建设工作的时候还是按照传统思路和方法进行，这样会让基层群众文化建设工作难以开展，导致基层群众文化建设工作不理想。

2. 群众文化活动的场地管理不善

群众文化场地管理不善的问题也十分突出。一方面，人民群众迫切需要正当的文化娱乐生活，但有些地方文化建设却严重滑坡，文化市场的管理跟不上，电影、戏曲、图书等一些健康的精神食粮很难被居民享受到，相反，以电子游戏、桌球、麻将为主的赌博活动重新抬头，甚至一些沉寂了几十年的封建迷信活动也死灰复燃。另一方面，群众文化活动的创造性不高，有些节目多次上演，导致部分地区群众参与的积极性不高。

（三）群众文化品牌建设所面临的问题

1. 认知度不足

目前，并非所有民众都能够清晰了解群众文化的内在含义及建设群众文化品牌的重要性，同时，正是因为民众对群众文化的认知度不足，导致我国群众文化逐渐成为促进经济发展的附属品，即群众文化自身所具备的重要性将被磨灭。上述情况的发生，极易造成政府部门部分领导无法科学认识调整文化市场结构的现实意义，因此，受群众文化认知度不足的影响，个别文化监管单位将无法开展正常工作，我国经济发展水平也会受到不同程度的制约。

2. 品牌定位不清

群众文化品牌定位不清，是指群众文化产品市场对品牌的定位标准较为模糊，造成广大民众无法对群众文化产品做到高度认可。例如，我国许多偏远地区所开展的群众文化活动仅向当地民众表演一些娱乐节目，或在节目表演之后向观众销售群众文化产品，该种群众文化活动方式使人无法明确群众文化的概念与范畴，将会造成群众文化品牌形象无法树立的严重后果。

3. 群众参与性不强

近年来，随着广大民众对精神生活质量的要求越来越高，我国部分地区为实现建设群众文化品牌的目标，举办了一些百姓参与度并不高的群众文化活动。相关调查结果显示，若群众文化品牌的建设方式与过程无法实现团结当地群众的效能，只是文化部门或政府表演"独角戏"，那么当地群众将无法真正接受所形成的群众文化品牌。这就表明，群众于文化活动的参与度直接影响文化品牌建设的速度与水平。

**（四）基层群众文化建设中存在的问题分析**

社会主义市场经济在不断地发展，物质资源已经不能满足群众的日常生活，更多的人在不断地追求精神文化的发展，在党的十八大报告中，就特别强调"丰富人民精神文化生活，要坚持面向基层、服务群众"。在实际的工作过程中，基层群众文化的建设还存在着各种各样的问题。

1. 在基层群众文化建设中基础设施不够完善

要想加强基层群众文化建设，基础设施的建设是必需的。就我国目前的情况而言，乡镇和农村的基础设施不够完善，文化活动的经费不足，导致文化设施的基础建设比较落后，不能够满足乡镇人民群众的基本文化需求，阻碍基层群众文化的建设。

2. 人民群众和政府工作人员对基层群众文化建设的认识不到位

作为偏远乡镇的农民，交通条件和信息条件比较闭塞，接收不到城市多元化先进文化的影响，还有一些村民思想保守，不愿意学习一些比较开放性的文化。同时，基层的政府工作人员对基层群众的文化建设在认识层面上不够重视，没有加大对基层群众文化建设的投入，使基层群众文化建设滞后。

3. 建设内容陈旧

乡镇文化建设的目的是为广大群众提供更好的精神生活，但是群众在文化方面存在一定的差异性。当前，乡镇居民的文化生活不仅内容陈旧单一，缺乏构思和创意，而且不能有效提高基层群众的自身素质和文化涵养，无法给群众营造一个良好的文化氛围，很多群众在闲暇之余都将精力投入到赌博等不健康活动上。

4. 文化设施不足

当前，我国政府比较重视城市的文化建设，乡镇地区的文化设施与城市有很大差距，很多文化活动由于缺乏文化设施而不能顺利开展，虽然当前农村的经济水平有了很大程度的提高，但是其文化水平却不断降低，因为缺乏休闲广场、活动场地，致使乡镇的文化建设难以开展。一些乡镇地区虽然具备一定的文化设施，但由于宣传力度不够、管理制度不完善、缺乏维护资金，导致这些文化设施不能正常使用，造成资源浪费。

### 四、如何开展好群众文化工作

群众文化工作应高举中国特色社会主义伟大旗帜，以建设社会主义核心价值体系为根本，以建设文明城市为目标，以满足各族人民群众日益增长的精神文化需求为出发点和落脚点。坚持现代文化引领，促进文化繁荣发展，丰富群众文化生活，彰显地域文化魅力。如何在当前社会发展日新月异的环境中开展好群众文化工作是每一名文化从业者面临的考验。

#### （一）全面落实好文化馆免费开放工作

为进一步丰富各族群众精神文化生活，根据全面开展"三馆一站"免费开放工作的总体要求，广泛组织各类公益性文艺演出、书画展览。大力开设书法、美术、器乐、声乐、舞蹈、豫剧等青少年免费艺术培训班。举办各类公益性文化艺术讲座，全面开放文化馆、文化活动室、图书阅览室等公共文化活动场地。建立健全各项规章制度及应急预案。完善应急处置机制。充分考虑免费开放后可能遇到的各种情况和问题，确保免费开放后的公众安全、资源安全、设施设备安全。充分保障各族群众的基本文化权益，使基层文化阵地的作用得到进一步的发挥。

#### （二）做好文化惠民工作

通过实施"文化惠民工程"，建设和完善一批社区、农村公共文化设施。开展非物质文化遗产民族歌舞、器乐弹奏、手工艺品制作等培训。通过送文化进军营、进社区、进企业、进校园、下基层等活动繁荣军营文化、社区文化和校园文化。利用小康文化户培养创建，丰富活跃基层文化活动，提高广大基层群众对文化的参与度，让文化为基层服务，为群众服务，达到以文惠民的目的。切实保证人民群众读书看报、获取科普知识、进行公共文化鉴赏、参加大众文化活动等基本文化权益。使公共文化产品和社会文化生活更加丰富，基本满足全县城乡居民就近便捷享受公共文化服务的需求。

### （三）大力开展广场文化娱乐活动

为充分发挥广场文化活动在弘扬先进文化，促进社会和谐、民族团结等方面的作用，使广场文化真正成为城乡群众文化生活中不可缺少的、充满持久生机和活力的文化品牌。自每年 4 月至 10 月期间，利用节假日、节庆、纪念日等时间，连续在城乡广场开展"百日广场文化竞赛活动"。使城乡文化互动互补，以城市广场文化带动农村乡（镇）广场文化，充分发挥乡（镇）、村文化活动场所的作用。按照推进社会主义新农村建设要求，注重引导广大农民群众自我参与、自我娱乐和自我教育，使广场文化成为传播先进文化的大课堂和农村文化的新阵地。

### （四）举办各类节庆日文艺活动

为丰富各族群众节日文化娱乐生活，以现代文化为引领，以发展为着力点，以开展内容丰富、形式多样的群众文化体育活动为载体，为实现各项事业跨越式发展和长治久安奠定坚实基础。通过举办"迎新年"冬季长跑比赛、"文化春天繁花似锦"艺术精品展、"贺新春、颂辉煌"元宵节大型社火表演、"贺新春、颂团结"元宵灯展、"我健康、我快乐"庆"三八"健美操大赛、"颂辉煌、话团结、共筑美好家园"棋类比赛、"努肉孜节"等活动，进一步活跃节日气氛。

### （五）积极组织基层开展群众文化娱乐活动

唱响"共产党好、社会主义好、祖国好、民族团结好、解放军好"的主旋律。以农村百日文体活动为龙头，以农村文化阵地建设为重点，把乡村百日文体活动与当前农村开展各项中心工作相结合，放到突出位置，着力打造以乡村百日文体活动为主的"民心文化工程"，不断丰富活动竞赛内容，创新主题作品，创新竞赛活动载体，积极营造"爱国、感恩、勤劳、互助、开放、进取"的文化氛围，要切实发挥"一乡一队、一社区一队"作用，广泛发动各级文化志愿者、基层文化带头人、业余文化演出队积极参与，精心编排，不断增强"一乡一品"魅力与影响力。县文化馆、乡（镇）场文化站（室）、要结合"两馆一站免费开放"工作，深入基层开展文化下乡、文化进城活动，组织开展健康有益的民族民间民俗文化活动，表演具有代表性的民族民间文艺节目，内容包括传统歌舞、民族乐器以及少数民族民间斗鸡、叼羊、斗狗、篮球、拔河、摔跤、手工艺品制作比赛等。

### 五、群众文化建设的发展策略

近几年来，我国部分乡镇组织开展了一些影响较大、群众参与性较高的文化活动，如戴家场文化站举办的"庆国庆"广场红歌会、"龙灯狮子闹元宵"活动；新滩镇文化站举办的"信合之夜"文艺晚会、"庆三八"腰鼓表演赛、少儿舞蹈培训；大沙文化站举办的民间艺人大赛；峰口镇文化站举办的"楹联诗画"活动；曹市镇文化站举办的器乐爱好者培训班、滨湖办事处举办的端午节龙舟表演赛，等等。这些活动的成功举办，对提升农村文化艺术水平、活跃群众文化生活起到了很好的作用。但是，同时可以看到，大多数乡镇文化活动设备闲置，文化站、农家书屋长期处于关闭状态，根本没有发挥其应有的阵地作用，甚至有部分文化站站长还不太善于组织开展群众文化活动。下面笔者就如何组织开展群众文化活动谈一点自己的体会。

#### （一）以党的优良传统作为群众文化活动的基础

我们党经历了将近一个世纪的发展，遇到过很多次不同程度的发展危机。在化解这些危机的过程中，我们党带领全国人民最终克服困难，用坚持不懈、努力创新等精神度过危机，这些都是我们党多年来沉淀下来的优良品质。随着一代又一代的共产党人的拼搏，我们的国家才能发展壮大到现在这一局面。这一过程中，党的优良传统精神是人民群众在改革过程中不断克服思想困难所必备的精神。这种精神可以帮助人民群众不断提升自我的思想觉悟，从而有效构建社会发展的传统美德。基层群众文化组织需要不断总结、凝练这样的传统文化。一线生产中不断发现亮点，发现爱岗敬业的典型人物，这些都是我们在群众文化活动平台上需要宣传的焦点。

#### （二）要构建一个良好的群众文化建设氛围

良好的基层群众文化建设氛围能够让文化建设工作事半功倍，具体表现在几个方面。

1. 要组建重视群众文化建设工作的管理团队

应重视抓好专业的群众文化工作者队伍的建设和管理，选拔出高素质、高技能的文化建设管理层，切实加强群众文化队伍的建设，要按照政治强、业务精、素质高、作风正的要求，建立一支专兼结合的文化辅导队伍，及时解决现有群众文化工作人员的编制问题，确保基层群众文化建设工作能够持续进行，真正稳定文化工作者队伍。同时在文化队伍建设上，在形式上要提倡多样化，防止单一化，采取多种形式选拔、培养多种文化人才，定期开展专业培训，并深入实际、深入生活、深入群众，增强文化建设的生机与活力。提升其职业素养，确保他们的思维能够与时俱进，跟上新形势的变化。

2. 要加快基层群众文化建设队伍的建立

基层群众文化建设主要是靠群众文化队伍，所以要发挥基层群众文化建设队伍的作用。做好基层群众文化建设的组织、策划与管理，就应该确保稳定和壮大基层群众文化建设队伍。可以从基层群众出发，挖掘基层群众文化活动中的活跃分子，构建专业技能与知识结构相对比较符合的群众文化建设工作管理队伍，然后实行定期培训，提升他们的技能与素养，并加强与群众交流力度，获得群众的好感，最终促进基层群众文化建设的发展。

（三）要以创新型的方法烘托群众文化氛围

1. 创新群众文化发展模式

群众文化建设的内容非常广泛，可以涉及各个行业，如教育、体育、文娱等。在进行基层群众文化建设的时候，应该加强各方面的文化资源整合利用，实现资源共建与资源共享，让基层群众文化建设工作的成本有效降低，实现价值最大化、文化效益最优化。各地区在进行基层群众文化建设工作的时候，应该互相借鉴和吸收，通过经验交流，推动基层群众文化建设能够健康、顺利进行。各地区在进行基层群众文化建设工作时应该树立品牌意识，将品牌与当地特点结合起来，推动当地的文化市场快速发展，让基层群众文化建设良性循环。

2. 要让群众文化多元化发展

群众文化工作人员要认清当前的经济和社会形势，在坚持以人为本的核心发展理念的同时，把握市场经济给文化建设带来的机遇和挑战，通过多样化的群众文化活动和文化建设途径提高群众文化的发展质量。大力推进特色文化建设，发挥文化的独特作用和巨大潜力，为对外开放，经济建设服务，为广泛开展群众性的文化活动服务。对于国外优秀的文化和先进的文化发展经验要进行学习和借鉴，并与我国的国情相结合，加快社会精神文明的建设进程，促进中华民族精神文化的传承和弘扬。根据地域、年龄、文化层次等的不同开展多层次的群众文化建设活动，开展多样化文化娱乐活动，满足人民群众的精神生活需求，文化活动的形式包括中国传统戏曲、皮影表演及现代化的电影、音乐、舞蹈等。文化发展模式的创新是群众文化建设工作质量提高的核心，在群众文化的建设过程中要提高文化活动的创新力度，通过酒吧文化、企业文化、广场文化、农村文化、社区文化等的推广发挥先进群众文化的引导作用，提高我国的民族凝聚力和社会主义意识形态的吸引力。群众文化活动的广泛开展，既烘托了当地的文化氛围，又提升了品位。

3. 组织开展群众文化活动一定要符合群众的文化需求

群众文化活动是人民群众以自身为活动主体，以娱乐方式为主要内容，以满足自身精神生活需求为目的的文化活动。正是因为主动参与，群众在活动中才能实现自我教育，获得情操的陶冶和审美享受，并在健康的审美享受中建立和升华高尚的审美趣味，提升自身的文化艺术修养和境界。要认真研究群众文化活动的需求是什么，尽量组织开展一些他们热心参与的群众文化活动。比如老年楹联书画活动，老年戏曲爱好者活动，广场舞蹈、腰鼓表演，少儿艺术培训，少儿读书阅览演讲活动等。总之，涉及文学艺术、工艺收藏、科技教育、花鸟盆栽各个文化领域，要通过努力，让特色文化成为每个家庭追求的时尚。

（四）要加强群众文化建设的宣传工作

要做好群众文化建设，既要做好群众文化活动，还需要做好群众文化传播。文化活动是让群众欣赏参与的文娱类活动，让群众感受文化的魅力。文化传播是让本地以外的人们了解本地的特色文化，吸引本地以外的人们了解熟悉本地文化。首先要从群众文化活动形式出发，做好群众文化活动的组织策划，利用丰富多样的活动形式吸引群众。另外，标语也是一种很好的形式，这是一种传统的基层群众文化活动的宣传形式，在文化活动中形成一种良好的氛围，从而不断提升群众对相关问题的认识和理解。不断提升基层群众参与文化建设的积极性，提高基层群众文化建设的完成效率。

（五）准备充分的筹备工作是成功举办文化活动的关键

1. 多渠道筹集经费

加强文化阵地建设经费问题是文化建设中面临的最困难的问题，而解决的办法只有多渠道、多方面筹集。其主要渠道一是国家拨款，二是社会筹集，三是自身积累。国家拨款，在我国经济还不是十分发达的情况下，目前不可能有大幅度的提高，而社会筹集和自身积累却有很大的潜力可挖。社会筹集和自身积累都应围绕开发文化市场、兴办文化产业来进行。集体、个人通过联建、联办农村群众文化场所，开办群众文化活动等方式，活跃生活，共同受益。

2. 加强文化设施、场地建设力度

完善的文化设施、文化活动场地是开展群众文化建设的重要基础，分析当前我国群众文化建设的现状，可将群众文化设施、场地建设重点放到社区及农村中。按照社区规模可适当地建设图书馆、博物馆、文化艺术馆及演出活动室等，一方面提升人们的文化知识水平，另一方面丰富人们的精神文化生活。完备的文化设施，让群众无顾虑地参加文化活动，确保群众文化活动的开展。在农村地区，可适当地建设文化艺术交流中心，增加图书馆、博物馆等的数量，同时可根据当地民众的需求购置一批演出服装、道具、乐器等，调动人民群众文化建设的热情。

（六）加强群众文化品牌建设

1. 因地制宜，充分利用当地现有的文化资源

打造一个群众文化品牌，就要讲究科学性，因地制宜，充分利用当地现有的文化资源。例如，在云南，旅游业发展旺盛，人们越来越多地想要接近云南、了解云南当地的风土民情，因而《云南映象》这部大型歌舞剧应运而生，利用当地的文化资源打造了一个有着云南特有标志的文化品牌。广西桂林的《印象·刘三姐》也同样是一个地域性明显的文化品牌，它不仅将广西的文化表现得淋漓尽致，还推动了当地经济的发展，充分发挥了文化品牌的带动效应。在各个地区，都有记载着自己文化的博物馆、历史文物馆、展览馆、名人故居等文化坐标，其悠久的历史和丰富的文化底蕴，都可以用来建设文化品牌，充分利用这些文化资源，挖掘文化底蕴和魅力，树立自己的文化品牌，才能提高当地的文化知名度和影响力。群众文化是推动经济发展的重要手段，是凝聚人心的纽带，只有结合当地的实际情况所创造出来的文化品牌才能更好地推动当地经济的发展，进一步地推动全国经济文化的大发展、大繁荣。

2. 充分调动群众参与文化品牌建设的积极性

群众文化活动的开展离不开广大人民群众的广泛参与，人民群众是群众文化活动的主要力量，只有群众真正参与到了群众文化活动中，才能将群众文化品牌活动进行创新。比如，在广大的农村地区很多地方都推出了百姓剧场、乡村大舞台等品牌文化活动。另外，在一些群众自发组织的文化活动中可以让群众作为演员，参与到实际的演出活动中，发挥人民群众的主体性，群众的热情也会得到极大的提升。此外，对于一些重大的节日，文化宫还可以组织一些猜灯谜、红歌会等活动，在宣传我国传统文化的同时，又为品牌文化活动增添了新的内容。要调动广大群众参与群众品牌活动的积极性，还可以通过创新文化互动的形式和内容，使文化活动在保留传统文化活动的基础上还能够注入创新血液。

3. 大力扩大品牌文化活动的知名度

可以通过整合报纸、电视、网络媒体等的宣传和报道，在进行时空交叉、立体

宣传的同时，注意突出重点，深入报道，让更多的群众了解品牌文化，同时让品牌文化"走出去"，加强与外界的交流和沟通，完善品牌文化建设。另外，文化宫还可以多组织一些高品质的文化活动，邀请一些知名的剧团、专家、学者进行演出或演讲，这样能够提升品牌文化活动的质量，从而吸引更多的群众参与到文化品牌活动建设中来。

为推动社会主义文化整体发展，实现小康社会的全面建设，我国各级政府部门应加大建设群众文化品牌的力度。这就要求政府部门不仅在日常管理行为中，发挥自身对群众文化发展的宏观调控能力，还要致力于增强实现群众文化品牌建设的软实力，即将树立群众文化品牌形象作为一项具有可持续发展特性的战略举措。为此，政府部门还需在高度重视的基础上，制订全面性的工作开展规划，以便更好地发挥群众文化品牌的重要作用。

**六、案例分析——上海市民文化节：从"唱念做打""听说读写"到"动静结合"**

2013年3月21日，上海市文广局召开新闻发布会抛出了一个概念——首届上海市民文化节。举办市民文化节，上海可谓开全国之先河，"市民"一词，着眼于全市17个区县约2400万上海常住人口；至于"节"，则有这样一个幽默的解释：一年办一次，一次办一年。两年来，上海市民文化节开展的9.5万余项市民文化活动覆盖全市，吸引了不同年龄、不同行业、不同国籍的6000多万人次参与。期间，市民文艺积极分子纷纷登台亮相、社区文艺社团如雨后春笋般窜出、不同主题的大赛在落下帷幕后余温不减……

首届上海市民文化节的十大赛事以"唱念做打"为主，偏重舞台上的热闹，而2014年市民文化节的赛事，变"唱念做打"为"听说读写"，更加注重文化的内涵和积淀，有助于提升市民的文化素养。围绕"听、说、读、写"四大系列，举办包括市民演奏大赛、市民演说大赛（设演讲朗诵、沪语、相声3个项目）、市民阅读大会（设经典诵读、传统知识、阅读家庭3个项目）、市民写作大赛，更加注重中华民族优秀传统文化的弘扬与传播，培养和提升市民的文化涵养，引领市民在生活中多阅读、品经典、知传统、说梦想、写美文的潮流。

"这是全上海市民都能参加的写作大赛，不设门槛，给像我这样热爱写作的人提供了一个很好的展示机会。"凭借《上海弄堂故事》一文获得"百名市民作家"称号的孔繁铉高兴地说。退休工程师谢坤兴追忆20世纪70年代在沪研制"运十"飞机的经历、藏族女孩扎西尼珍讲述只身在沪求学中感受到的城市温暖、市民朱琴道出特殊历史时期远赴台湾的爷爷对故土上海的浓浓思念……"市民笔下的上海，有百年屹立的建筑，有火树银花不夜天的绚丽，有经历过平湖烟雨、岁月河山的男女，他们隐秘繁复的内心、细腻精致的态度、低调奢华的梦想、勤勉朴实的奋斗，皆跃然纸上。"上海作家协会诗歌专业委员会副主任杨秀丽给出了这样的点评。

具有广泛群众读书活动基础、打造全市文学讲座品牌的普陀区，2014年承办的市民写作大赛，以"上海——倾听你的上海故事"写作大赛为主题板块，吸引了逾3万市民投稿参赛，入选作品共计3857份，邀请相关学者、作家、资深编辑进行初审、复审、终审3轮评审。与之并行的"书本里的童梦——我与小伙伴的奇幻之旅"、"姆妈的模样"微写作、"写给20年后的自己"大赛板块，形成了"四手联弹"的写作大赛格局。上海市文广局副局长王小明认为："这些比赛类别丰富、体量浩大，引进了多元社会主体共同参与，其间催生的'举手机制'，得以让全市各个区县发挥自身特色和优势，从而承办了这么多、这么高质量的市级文化活动。"

拥有多届区级沪语大赛和区级朗诵大赛丰富办赛经验的长宁区与松江区，分别承办了市民文化节沪语大赛和市民文化节朗诵与演讲大赛。主题开放，不设门槛的赛事吸引了上至满鬓飞雪的长者、下至蹒跚学步的小孩一齐参与，参赛作品也呈现出原创性强、贴近生活的鲜明特点。

在松江区的朗诵与演讲大赛中，警察郭晨演讲作品《三代热血铸警魂》讲述自己一家三代人的从警经历和心声；同济医院朗诵艺术团朗诵作品《生》讴歌白衣天使救死扶伤的职业精神；社区志愿者许凤英的演讲《大写的"孝"字》讲述社区居民的真情和温暖……在长宁区沪语大赛的舞台上，87岁高龄的徐国华老伯演绎起上海说唱串烧《金铃塔》，妙语连珠，一气呵成；"80后"地铁司机李斌以海派脱口秀《地铁站逃票》评议自己工作中的各种见闻，褒贬自现；两个东北姑娘李佳沁和刘佳，作为新上海人上台比赛谁的上海话更地道……沪语加深了新老上海人对于这座城市的感情，人们对沪语大赛的热情更体现了这座城市的魅力和市民对海派文化的传承。上海市民文化节指导委员会秘书处办公室主任萧烨璎说："参赛作品均由市民自己创作。他们在自己热爱的这座城市中、在平凡的工作岗位上生活、奋斗的故事和真挚的情感，就是社会主义核心价值观所在。"

为了让市民更好地共享上海城市文化发展的成果，真切领悟艺术的真善美，市民文化节的"地气"接上了上海诸多"高大上"的文化盛事：2014年上海市民文化节推出3个"真善美"征文活动，联手第17届上海国际电影节、第11届上海书展和第16届上海国际艺术节，分别推出了"电影中的真善美"市民影评征文活动、"阅读中的真善美"我与上海书展征文、"艺术中的真善美"市民征文大赛。

2015年上海市民文化节在经过了"唱念做打"的第一届和"听说读写"的第二

届之后，该届市民文化节更注重"动静结合"。所推出的活动，既强调动态的参与，也强调静态的思考。内容不断走向纵深。活动中，几大市级赛事颇为引人注目。除了市民合唱大赛、市民手工大赛之外，新设中华语言文字大赛。大赛围绕成语、谜语、歇后语、俗（俚）语、谚语、格言警句、格律诗词等开展市民语言类大赛，评选出百位中华语言文字高手。在过去的两届市民文化节中，陆续举办过中华传统经典诵读大赛和家庭阅读大赛等弘扬中华传统文化相关的赛事，而此次中华语言文字大赛的内容更为细化，也更为生动丰富。中华戏曲演唱大赛则由原来的团体赛演变成个人赛。设沪剧、京剧、越剧、综合类（如淮剧、锡剧、昆曲等）、地方戏曲（独角戏、滑稽戏、上海说唱、浦东说书等），评选出百位戏曲"民"角儿。由于这次是个人参赛，市民参与的积极性大幅度提高。"上海舞台百年说明书展"经东方系列公共文化配送平台"牵线"，在最短的时间内实现了配送对接。越剧、沪剧、滑稽剧3个剧种300余份戏单和说明书，作为珍贵的馆藏品原件首次进社区公开展示，吸引了许多对地方戏有着浓厚兴趣的社区居民。东方社区文艺指导配送中心负责人卢秋勤说，由于区域间发展不平衡，远郊地区居民相对较多，而文化中心数量却较少，文艺指导员和节目往往供不应求。文化资源按照人数均等化，标准化配置，将改变优秀文艺作品只有城里人才能看到的不合理状况。过去一谈到公共文化建设，从上到下听得最多的一个词就是"打造"，主要靠政府单打独斗，但现在似乎更重要的是"打通"——让文化类社会组织和基层的文艺团队自己当家做主。

上海举办的市民文化节，不仅止于热热闹闹、唱唱跳跳，还培育了一批新的社会主体。老百姓提出需求，政府出规划、出安排、出补贴。通过比赛、文艺汇演、购买服务等方式，将各种与文化相关的社会资源"打通"，文化节自然就能事半功倍，办到老百姓的家门口、心坎上。上海市民文化节给这座城市带来了什么？它向社会辐射出怎样的能量？《中国文化报》的一篇文章《上海市民文化节：润物细无声》做了很好的概括。

首先，唤醒"市民"意识。文化的作用是潜移默化的。有了市民文化节，普陀区曹杨社区文化活动中心出现了居民排队等开门的景象。丰富的活动、精彩的赛事，吸引远近居民闻讯而来。以前在活动中心，抢位、扔垃圾、随处吸烟的现象司空见惯，但开展市民文化节以来，这些不文明现象大大减少，连保洁员都感慨，现在来观看活动的人多了，每天保洁的活却轻松了。相关人员表示："这就是文化的滋养和熏陶。"市民文化节加强了社区的人际交往和沟通，个人的文明素养都得到了不同程度的提升。有很多居民主动来当文化志愿者，发现不文明行为便上前劝阻。市民文化节带来的最大改变就是市民意识的觉醒，以前居民挂在嘴边的是"阿拉老百姓"

怎样，现在大家在享受文化权益的同时，也开始认识到自己的市民责任。

市民文化节正是以丰富多彩的活动为内容，以全民参与创造为表现，以大赛为切入点检阅展示，对市民文明习惯的养成、公共秩序的建立，发挥着润物无声的教化作用。“随着城市经济社会的发展，群众有了更多的闲暇时间，公共文化服务自然要有提升文化素养的内涵。这对一个城市的文明水平而言，是可持续发展的保证。”上海市群艺馆活动部主任吴榕美这样说。

其次，构建和谐邻里。首届上海市民文化节以音乐、舞蹈、戏剧、创意等热闹的“唱念做打”为主，而2014年上海市民文化节由外走内，开展演讲、朗诵、阅读、写作等大赛，散发着“听说读写”的笔墨书香，部分赛事更是“聚举家之力，见一户之风”。虹口区提篮桥社区在合唱大赛中派出了“五角星亲子合唱团”，父母和子女多了不少时间共同徜徉在音乐之中，甚至有祖辈战胜年迈的羞怯和孙女相伴站上舞台。在嘉定区举办的全市诵读大赛中，一个爷爷先于孙子出局了，他却高兴地说：“果然是青出于蓝而胜于蓝。”家庭阅读大赛则带着观众走进千家万户的书房，一览各家各自心爱的书籍和挑灯共读的情景。家庭之外，生活空间的立体化、高层化、单元化，改变了传统社区的人文生态。有人嗟叹，如今楼上楼下相处多年，互不了解对方情况，甚至连姓甚名谁都茫然不知。市民文化节让人感受到了些许改观。退休干部叶文珍称“社区读书会在楼宇之间架起了老人精神世界的桥梁”。她说：“在读书会基础上建立的‘关爱空巢老人联络网’发挥了很好的作用，碰到快递来了，楼上楼下主动帮忙接收；读书会中有独居老人，成员们时刻惦记着他们的生活起居；每周的夕阳美谈心会，把时间留给丧偶老人互相倾诉、鼓励……”静安区曹家渡街道图书馆馆长纪晓敏给人们带来这样一个发生在市民文化节里的感人故事：康定居委会85岁的老人张学敏，今年将告别他钟爱的读书小组，入住敬老院，因为不舍，他将卖房所得款项中的20万元捐出来，用以回报社区，支持文化活动。

最后，引领社会风气。毕业于上海戏剧学院的新上海人张晓洁，两年前与朋友在松江区成立了“柒加话剧社”，雄心勃勃地编排了话剧《愤怒的小鸡》进行商业演出。因人生地不熟，遭遇票房“滑铁卢”，大家分外受挫。市民文化节推出的话剧大赛不仅给新生的“柒加话剧社”带来舞台，也为他们带来生机。“当时我们挺惨的，没有任何资金支持，道具就一张凳子，”张晓洁回忆道，“出人意料地，我们得到了全场最高分。这给我们带来的鼓舞是巨大的。”优异的成绩得到了区文广局、文化馆的刮目相看，当地文化传媒公司也向这个小众艺术团体发来合作邀请……一次亮相，成就了一个造梦平台，拓宽了一群人对于文化的认识。

华东理工大学法律社会学研究中心特聘教授樊颙对文化给出的定义是：“文化，

就是两个具体内容的总括和体现，一是价值，二是秩序。"市民文化节的朗诵与演讲活动中，来自医生、警察、摊贩、白领们自创的作品，讲述着他们的光荣与梦想、艰辛与成就，市民为无数鲜为人知的故事而热泪盈眶。"经典诵读大赛"则呈现了从"忠孝礼义廉耻"到"富强、民主、文明、和谐……"中华核心价值观的演进之路。秩序的建立，一定程度解决了很多本属于文化以外的问题，婉转而独到地撬动了社会治理。闵行区浦江镇过去有10多名上访户，自从参加市民文化节的演出活动后，他们都觉得与其要性子去争一点小钱，不如像现在那样发挥所长、娱乐身心。正如浦江镇副镇长倪悦婷所说："在我们这里，参与文化本身也体现出惠民、维稳、凝聚人心等重要意义。"

## 七、结语

群众文化工作人员要认清当前的经济和社会形势，在坚持以人为本的核心发展理念的同时，把握市场经济给文化建设带来的机遇和挑战，通过多样化的群众文化活动和文化建设途径提高群众文化的发展质量。对于国外优秀的文化和先进的文化发展经验要进行学习和借鉴，并与我国的国情相结合，加快社会精神文明的建设进程，促进中华民族精神文化的传承和弘扬。在群众文化的建设中，要将爱国主义教育和艰苦奋斗、惩恶扬善的社会风气培养作为根本的目标，完善我国社会主义基本道德规范，促进良好社会风气的形成。根据地域、年龄、文化层次等的不同开展多层次的群众文化建设活动，开展多样化文化娱乐活动，满足人民群众的精神生活需求。文化活动的形式包括中国传统戏曲、皮影表演及现代化的电影、音乐、舞蹈等。文化发展模式的创新是群众文化建设工作质量提高的核心，在群众文化的建设过程中要提高文化活动的创新力度，通过推广发挥先进群众文化的引导作用，提高我国的民族凝聚力和社会主义意识形态的吸引力。

群众文化建设形式和内容的创新是繁荣社会主义文化的重要途径，因而必须要对传统文化建设中的单一化文化活动现象进行改变。目前仍然有一些地方将单一形式的演出作为群众文化活动的唯一方式，演出团体由当地的群众文化馆及艺术馆负责，群众文化的功能和作用得不到体现，发展活力也无法提高。要提高群众文化的建设实效性必须要注重群众文化发展活力的增强，坚持群众路线，贴近人民群众的现实生活，进行群众文化表演新内容的创作，展示人民群众的平凡生活，注重人民群众主体地位的体现，提高人民群众对于文化建设活动的认可度。要进行多样化的群众文化主题活动，在文艺演出的同时开展书法绘画创作比赛、文化展览、草根艺术演出、游园活动等。群众文化的相关工作者要意识到自己工作的重要性，自觉承担起中华民族文化和社会主义文化的弘扬和建设的义务，提高自身的工作积极性，自觉主动地进行群众文化活动的组织和开展，通过形式多样、内容丰富的群众文化活动促进我国文化的大繁荣和人民精神风貌的改善。

总之，发展和谐社会必须提高群众文化建设。为了精神文明建设的进步，加强文化建设是时代的要求，是广大居民的要求。文化建设既是群众文化工作的基础，又是构建社会主义和谐社区建设的重要内容。把文化建设提高到一个新水平，要在发展中不断创新，在创新中不断发展，让文化在社会主义建设事业中发挥更大的作用。

# 第二部分
## 新媒体时代下的群众文化建设与发展

从产业视角动态研究来看，新媒体早已成为国家层面的重要主题，也日益广泛地渗入人类社会生活，成为人们的生活方式，国家相关主管部门早已从战略布局上确立了新媒体的相关主流地位，这是一种交互性的全媒体融合形态，新媒体逐渐发展成我国传媒产业领域的新发之力。

从全球领域、国家战略发展层面来看，如何拓展所谓新媒体产业也是当下与未来文化传媒娱乐领域的重大问题之一。所谓新媒体产业是文化产业、娱乐产业的新业态，是国家政策扶持的重点。中国新媒体应用已有20余年，新媒体研究也有十多年，毫无疑问，新媒体是"当前最热的研究领域"。各类智能终端，以及移动互联网开放平台的应用服务技术，成为新媒体传播的核心技术基础。新媒体改变了媒体的传播路径，也改变了媒体与政府监管的关系，新媒体的开放、互动对政府规制构成了新挑战。各类新媒体生态中的传统媒体如何转型，如何与新的媒体进行融合，一直是该领域研究的重要主题，所谓传统媒体如报纸、图书出版、电视、电影等都尝试突围、创新和变革。传统新闻内容生产模式、传播通道被打破，新的新闻生产机制正在孕育和成形。

概言之，目前新媒体已然发展成为全球具发展活力与潜力的前景产业。随着各类新媒体的不断涌现，不仅人们的生活方式被潜移默化地改变，世界传播新秩序也不断被重塑着。当前，在全球化趋势下，对新媒体产业现状与趋势的研究尤显必要。群众文化活动的开展是我国社会主义精神文明建设的重要组成部分，在我国的文化发展过程中发挥着重要的作用。新媒体自出现以来，凭借着强大的优势迅速吸引了人们的目光，新媒体环境的形成与发展，对于群众文化活动的开展而言，既带来了极大的挑战，同时也蕴藏着巨大的机遇，如何应对新媒体环境带来的巨大冲击，有效利用新媒体环境中的优秀资源条件，已经成为关系群众文化能否顺利开展的关键问题。群众文化是地方文化建设的重要组成部分，对提高群众精神文化水平、丰富精神文化生活具有重要的作用。群众文化活动的吸引力和生命力源于活动的自身特色和方式创新，突破保守与陈旧观念的局限性，展示创新意识和拓展性，成为当前群众文化工作开展的重要课题。

第二部分主要是讲新媒体时代下的群众文化建设与发展，包括三章。第三章叙述新媒体时代的崛起，从新媒体定义为切入点，通过新媒体的特征，分析新媒体带来的影响。第四章研究以互联网为例，新媒体时代的群众文化建设的发展，叙述新媒体时代下，对群众文化工作的作用等。第五章阐述了互联网时代群众文化建设存在的问题及策略。

# 第三章　新媒体时代的崛起

　　本章通过新媒体定义总结新媒体在信息传播过程中的优缺点，明确了新媒体在信息传递过程中交互性强、发布渠道多样等优势，总结中国新媒体发展十大未来展望，分析新媒体时代的现状，阐释了新媒体的发展优势及传统媒体在新媒体的冲击下遇到的生存困境，论述了媒介融合的策略，最后论述了新媒体的影响。

　　在媒体发展的历史中，每一次媒体技术的变革，都会带来所谓的新媒体，特别是在知识爆炸、技术更新迅速的今天，各类新媒体层出不穷，新媒体的外延更是不断地拓展。在信息时代，不仅是新的技术变革和物质形态的变化可以产生新媒体，新的软件开发、新的信息服务方式的推出，都可称之为一种新媒体的诞生。可以肯定，今天的新媒体在未来同样会被归为旧媒体的范畴。

## 一、新媒体时代的相关概念阐述

### （一）新媒体定义

　　新媒体相对于传统媒体，是一个不断变化的概念，是网络基础上的延伸（熊澄宇，2008）。美国互联网实验室认为，"新媒体是基于计算机技术、通信技术、数字广播等，通过互联网、无线通信网、数字广播电视网和卫星等渠道，以电脑、电视、手机等实现个性化、细分化和互动化，能够实现精准投放，点对点的传播"。陆地认为，新媒体是媒介终端或功能创新的媒体（2014）；新媒体已成为我国传媒产业领域的新生力量（鞠立新，2013）；有学者从文化学角度解读新媒体是一种新的文化（2012）。本研究认为，应动态地研究新媒体，新媒体是新兴媒体（emerging media），目前是"交互式数字化融合媒体"，向用户提供信息和娱乐等服务，信息技术是新媒体必要的技术保障，用户多元化、个性化的信息需求是新媒体产生的社会基础；新媒体变革着人们的生活方式，用户从以往的被动接受媒体到当下可自主媒体传播。社会化媒体用户不仅是新闻的消费者，也是新闻内容的生产者、推广者，用户新闻信息传播系统发生"传－受""受－传"的互动变迁，传统媒体必须动态把握用户。社会化媒体中的口碑量应作为传统媒体测评受众的补充。

本书所界定的新媒体是相对于书信、报刊、广播、电视等传统媒体而言的新媒体。新媒体是一个宽泛的概念，从技术界定上看，新媒体是指依托数字技术、互联网技术、移动通信技术等新技术通过互联网、无线通信网、卫星等渠道向受众提供信息服务和娱乐服务的传播形态的新型媒体。根据这个定义，新媒体的种类非常繁杂，目前受到较多关注的新媒体不下几十种，包括网络电视（Web TV）、网上即时通信群组、虚拟社区、播客、搜索引擎、电子邮箱、门户网站、手机电视、手机报、微博、微信等。其中有的属于新的媒体形式，有的属于新的媒体硬件、新的媒体软件、新的信息服务方式。

**（二）相对于传统媒体要素**

不管人们如何定义新媒体，有一点是确定的，那就是相对传统媒体，新媒体的形态是不断变化和延伸的，在现阶段其核心是数字式信息符号传播技术的实现。一般而言，新媒体的概念包含以下要素。

1. 新媒体建立在数字技术和网络技术的基础上

新媒体主要是以计算机信息处理技术为基础，以互联网、卫星网络、移动通讯等作为运作平台的媒体形态，它包括使用有线与无线通道的传送方式，比如互联网、手机媒体、移动电视、电子报纸等。如果说传统媒体是工业社会的产物，那么新媒体就是信息社会的产物。

2. 新媒体在信息的呈现方式上是多媒体

新媒体的信息往往以声音、文字、图形、影像等复合形式呈现，具有很高的科技含量，可以进行跨媒体、跨时空的信息传播。

3. 新媒体在技术、运营、产品、服务等商业模式上具有创新性

新媒体不仅是技术平台，也是媒体机构。与传统媒体相比，变化的不仅仅是新媒体技术的运用，更有商业模式的创新。

**二、新媒体时代发展的特点**

近些年影响新媒体前景的两大主流媒体分别是网络媒体、移动媒体。移动传播媒介迅猛发展，已经成为人类生活必要的组成部分，其对于人类生活方式的深渊影响，恐怕是历史上任何一种传播媒介都无法比拟的。移动传播媒介凭借其独有的特点，已经成为有史以来增长速度快、普及程度高的新型传播手段，被誉为"第五媒体"。

新媒体是信息科技与媒体产品的紧密结合，新媒体带来的媒体创意新经济，使得原来传统媒体从规模经济转向了范围经济、共享经济等模式，各类高新技术手段不断创新着人类支付问题，并通过尝试个性化的特质服务，不同媒体皆试图把握一条独特的可持续发展之路。目前比较热门的新媒体，如智能手机，内载各类新媒体内容产品，新媒体软件创新产品，同时也属于新媒体硬件生产领域产品，其内含新的媒体经营模式。

（一）网络媒体的新媒体特性

1. 传播上的快捷性和时间上的自由性

网络媒体以 45Mb/s 的速度传输信息，可在瞬间将信息发送给用户。在传播时间上的自由性则主要体现在传播本身的可往复性，易于检索和随时获取信息。实现了信息的"零时间"传播，消除了交流双方之间在时间上的间隔，使信息的交互传播突破了时间限制。新媒体迎合了人们碎片休闲娱乐时间的需求，满足了人们随时随地进行互动性表达和娱乐需要，人们使用新媒体的目的性与选择的主动性更强。因此，数字化新媒体一出现就吸引了各个年龄段、不同阶层群众的注意力，在很大程度上挤占了人们休闲娱乐活动的时间。新媒体无形中改变了人们与生活对话的方式。

2. 传播的全球性和空间上的无限性

网络可以连通世界上任何一个国家和地区，并且还拥有数量庞大的动态网络用户，新媒体利用连接全球电脑的互联网和通信卫星，使网络上的任何信息资源可以被全世界的网民看到，使信息传播者可以针对不同的受众提供个性化的服务。从这个意义上来讲，网络是唯一的全球性信息传播媒体。可以说，全球互通的网络有多大，网络传播的空间就有多大，完全打破了地理区域的限制。只要有相应的信息接收设备，在地球的任何角落都可以接收到新媒体传播的信息。此外，无线网络的发展，还使新媒体摆脱了有线网络的限制，用户可以随时随地接收信息。

3. 传播的交互性和方式的多样性

在传统的传播理念中，其传播方式是单向的，双方无法随时随地进行反馈和沟通。而新媒体网络则突破了这一传统传播模式的限制，增强了传播者与接收者之间的互动性。传播者与接收者可以连接网上任一用户，实现网络信息资源共享，受众不再仅仅是信息的接受者，同时也是信息的传播者。交互性使传播者和接受者极易进行角色转换，这种双重身份的角色使受众可以畅所欲言，利用网络工具进行及时反馈和有效沟通交流，实现互动。真正实现了信息的双向交流。

（二）移动媒体的新媒体特性

移动媒体通常是指无线传播的短消息、多媒体短消息、WAP 网页和手机电视等媒体形式。移动媒体与传统媒体和网络媒体相比，具有独特的性质，主要表现在以下几方面。

1. 表现形式的丰富性

移动媒体的表现形式兼具了传统媒体与网络媒体的优势，通过文字、图像、影音、动画等多种表现形式向用户传递信息。其传递的信息声情并茂，使得信息更加丰富和饱满，同时也增强了用户的多媒体体验。

2. 使用的便携性和成本的低廉性

用户可以根据自己的需求，随时对信息进行检索和筛选，并可随时制订和退订所需要的信息，使用便捷，可提高效率并节约时间。

3. 复合性与个性化服务

互联网传递实现了信息传播的图、文、声一体化，它将文字、图像、声音、视频、音频等完全融合。其复合性也充分体现了传播形态的多样性特点。它将报纸、电视、广播的传播手段与传播方式集于一体，其形式的多样化是前所未有的。它将各种接收终端，各种传输渠道，各种信息形态整合在一起。用户可以随时针对信息的内容与信息的传播者或者其他的信息受众者进行信息探讨和交流，并可通过意见反馈等形式修正、补充和完善信息资源以满足用户的个性化需求。它将目标受众按年龄、性别、种族、社会地位、文化程度、兴趣爱好、专业程度等标准划分为一个个群体，从而有针对性地为这些不同的群体提供不同的个性化信息服务。

（三）中国新媒体发展十大未来展望

新媒体蓝皮书《中国新媒体发展报告》在京发布，蓝皮书中首次提出了中国新媒体发展十大未来展望。

1. "互联网＋"效应显著，新媒体的经济引擎作用更为突出。在"互联网＋"行动计划的推动下，新媒体将加速向全行业渗透，创造更多的就业机会，新媒体经济占 GDP 的比重会进一步加大。

2. 互联网用户普及率达到 50％，新媒体用户增速放慢。从用户数量发展来看，我国新媒体用户整体规模增速放缓。2014 年年底，我国互联网用户规模达到 6.49 亿人，比 2013 年仅增长 3117 万人，普及率增长 2.1％，达到 47.9％。

3.4G 取得爆发式增长，促进移动网络应用发展。2014 年年底，中国 4G 用户总数已接近 1 亿人，2015 年用户又有爆发式增长，并进一步促进了移动网络应用的发展。

4. 媒介融合提速，传统媒体不断采用新技术。为了顺应互联网传播移动化、社交化和视频化的趋势，传统媒体积极运用大数据、云计算等新技术，发展移动客户端、手机网站等新应用、新业态，以新技术引领媒体融合发展。

5. 新媒体法治进入常态化和精细化发展阶段。自 2014 年 7 月出台"微信十条"之后，2015 年 2 月网信办出台"昵称十条"（《互联网用户账号名称管理规定》），同年 4 月出台"约谈十条"（《互联网新闻信息服务单位约谈工作规定》），新媒体传播立法在提速，并进入精准化发展阶段。

6. 移动金融、移动教育、移动医疗、移动出行等移动行业成为热点。随着传统金融行业在互联网方面的投入加大，移动金融规模将进一步扩大。百度、阿里巴巴、腾讯等互联网巨头向移动教育、移动医疗、移动出版等移动行业加速布局，这些与人们生活紧密相关的移动行业将成为热点。

7. 智能产业进一步兴起。当前互联网巨头和一些风险投资开始涉入可穿戴设备、移动医疗、智能家居、3D 打印等智能产业，发展移动智网。新一代智能产品将进一步丰富，涉及领域不断扩大。

8. 社交应用平台进一步整合，微视频成为网络消费金矿。随着移动宽带的发展，网络视频消费进一步转向移动平台。腾讯战略放弃微博而重点发展微视频，微视频领域的竞争更为激烈。社交应用平台将得到进一步整合，成为沟通、娱乐、生活、购物和学习一站式服务的入口。

9. 广告进一步从传统媒体转向新媒体。作为媒体的主要收入来源，广告日益转向新媒体，电视广告和报纸广告的市场份额已经出现明显的下滑态势，网络媒体成为第一大广告收入媒体，未来网络广告尤其是移动广告的收入份额将继续增长。

10. 领域将掀起新一轮资本大战。

### 三、新媒体对传统媒体的影响

#### （一）新媒体对传统媒体的冲击

20 世纪 90 年代，互联网问世并且迅速崛起，传统媒体面临着前所未有的冲击和挑战。首先是报刊，它们的读者慢慢变少，发行量也日渐萎缩，随之而来的就是广告收益的大幅度下滑，而报刊最大的经济收益就是广告，因此有些报刊为了获得更高的发行量吸引更多的广告客户，对报刊进行了大刀阔斧的改革，增加版面，尽可能多地传递新闻信息，甚至不惜免费发放。可即便是这样，报刊的运营也遭遇了困境，面临着生存的危机。

其次是广播。20世纪80年代末期，我国广播广告营业额连续保持较高幅度的增长，甚至出现了20%以上的年增长率，增幅位居四大传统媒体之首。但是随着新媒体的出现，传统的广播已逐渐消失在大众的视野。目前广播发展最好的当数交通广播，除此之外，已经很少有听众愿意为了一个新闻信息而守在广播面前，再加上广播中某些虚假广告比较泛滥，严重影响了广播在人们心目中的形象，最终造成了受众自觉远离广播的后果。

最后是电视。相对于报纸杂志，电视的效益要好很多，至少目前电视媒体是一种普及率最高的传播媒介，人们也乐于在休闲时间看电视以放松心情。但随着新媒体的出现，尤其是网络媒体和手机电视的出现，很多受众已经不愿意守在电视机旁等着收看自己心仪的电视节目，他们更愿意去网络上寻找资源。因为电视节目有时间的限制，还有轮番的广告侵占视听，而这些广告的可信度又普遍让人怀疑，网络媒体则没有这些缺点，随时随地都可以找到自己想看的电视节目。因此网民规模急剧上升，使得电视观众的数量也随之下降。

然而，传统媒体拥有新媒体无法比拟的品牌和各种资源优势，有非常专业的新闻采编队伍和严格的新闻操作流程，从而一定程度上保证了新闻的真实性、客观性等价值标准。到目前为止，传统媒体仍是新闻内容的主要权威制造者和供应商，其在新闻报道的深度、广度方面长期形成的强大社会公信力和社会责任感是新媒体所不能比拟的，特别是对于时政新闻等严肃性新闻，传统媒体更是处于垄断地位。虽然新媒体的崛起挤占了传统媒体固有的市场份额，但是新媒体在大多数时候提供的仅仅是一种简单的"新闻快餐"，其在内容采集方面对传统媒体有着相当高的依赖性。正如新浪CEO曹国伟说："未来的媒体，普通大众通过微博报道事实，精英媒体则通过深度报道、解释性报道为主。"传统媒体应将自身优势放大，以求得最大的发展。

（二）传统媒体和新媒体融合策略

当前我国处于市场经济尚未完全规范期，分配出现多极分化，思想出现多元化。正确宣传党的最新路线、方针、政策，不断提升新闻宣传水平，是新闻机构必须承担的社会责任。当今推动社会进步的角色无法由一方单独完成。站在发展的角度，传统媒体与新媒体融合而成的新力量，将是今后推动中国社会进步的主要力量之一。

实践证明，传统媒体和新媒体的融合使媒体核心竞争力发生巨变，既延长了新闻产业链条，突破了传统媒体过去在时间、空间、影像表现方面受到的局限，又继承了传统媒体强烈的策划意识、整合意识、庄重感和携带方便等特性，使新闻产品的传播媒介具有丰富性和可选择性，还节约了资源，提高了时效，扩大了影响。如何加强两种媒体，两种传播途径的融合，切实担负媒体责任，需要我们在实践中扬长避短、与时俱进、不断改进，最终可以通过两种媒体的互相结合达到更好的宣传效果。

1. 要发挥舆论引导，抢占舆论主阵地

媒体融合的全媒体时代，仍然是一种舆论工具，要充分发挥传统媒体在新闻传播中的权威性，使其适应全媒体时代受众参与热情高涨的舆情特点，深入掌握重大新闻事件的各种舆论倾向，利用自己的权威性积极与新媒体相结合，发挥新媒体的即时性和互动性，取得传播效果的最大化。因此，坚持正确的舆论导向，积极引导公众舆论，凝聚社会力量，化解社会危机，是传播媒介不可推卸的责任，也是每一个媒体人不可推卸的责任。

2. 加强传统媒体和新媒体的互动，扩大新闻宣传的实际效果

加强媒体间的互动，把传统媒体的深度及其传统价值理念带到新媒体的创意和制作过程当中去，不断探索最佳切入点，进一步拓宽传统媒体和新媒体的互动平台，努力打造数字化期刊等产业。中国期刊协会会长石峰表示："传统期刊要走与新媒体融合发展的道路，数字化将增强期刊业的传播力。"传统媒体对新媒体不应该逃避或焦虑，而应怀着满腔热情探索互动之路。

在实践中，不断强化数字期刊、强化线上线下平台互动，建构专业化、高质量的新闻专题，逐步增强媒介融合的公信力、吸引力及竞争力，是传统媒体和它所属的新媒体之间实现良性互动、相得益彰的必然。

3. 要加速传统媒体的转型

面对新形势，传统媒体必须创新转型，紧跟新媒体发展步伐，在新媒体发展上有所作为。要抓住机遇发展平台，利用平台，坚持内容为王，按照新媒体发展的规律和趋势，按照事业发展的本质要求，整合资源，加快发展。传统媒体可以利用新技术和新手段实现与新媒体之间的相互整合、融通，以发挥综合整体的优势，从而创立新的发展模式，开辟新的发展道路。第一，政府有关部门应遵循中央关于大力发展文化产业的精神，出台相关的优惠政策，以项目支持等方式推动各种新媒体技术的自主研发，实现手机全媒体移动发布，将报刊、广播、电视、互联网融为一体，抢占国际技术制高点，迅速壮大新媒体产业。第二，完善我国移动内容版权的法规，尤其是制定适应媒体新技术发展的配套政策，推动能源节约型的数字媒体普及传播，

实现绿色低碳环保，无纸化发行。第三，促进传统媒体与新媒体在内容、受众方面遵循新闻传播规律分工合作，促使传统媒体转变观念，实现传统媒体数字化、移动化的发展。第四，面对当前多元化、即时性、多样性的舆论环境，政府、企业等单位都要积极应用新媒体技术，顺应新闻传播规律，提高传播技巧。第五，传统媒体应逐步建立起自有的基于数字技术的新媒体系统，这需要国家政策和资金的支持，建立起自有的新媒体系统，将主动传播与驱动传播、群体传播与个体传播、事实传播与观点传播、随时传播与定时传播一体化，才能实现传统媒体和新兴媒体的融合发展。

4. 采取专兼职结合的模式，建立全媒体团队

报纸发展全媒体，最大的资源优势是人才基础。在人力投入方面，除了引进必要的新媒体专业人才之外，可以倡导报社内部记者、编辑兼职新媒体岗位。报纸多年来培养了一大批擅长内容把关、精通内容制作的人员，而随着厚报时代向薄报时代的转换，报业内部也面临着人员重组的可能。报纸在这样的背景下办新媒体，可以借助母报的采编、经营队伍，采取专兼职结合的模式，建立自办新媒体所需要的团队。传统媒体自办新媒体，在人力投入方面采取专兼职结合的方式，不仅可以解决新媒体建设的人才需要问题，反过来也能锻炼和培育记者、编辑的新媒体素质，为未来的发展做准备。

5. 加快新媒体融合的法规建设和监督管理

随着新媒体技术、运营和服务方式所带来的一系列变革。融合不仅仅发生在新媒体的产业端。在政府和行政机关的立法理念、法律体系的建立及法律制度进一步完善的基础上才能实现了二者各自优势的有效融合。

第一，加快新媒体立法，进一步拓展法律监管范围。可考虑研究制定一部关于新媒体管理的专门法，从公法角度对新媒体管理的范围和内容做出明确规定，从司法角度对新媒体的行为和言论做出明确规定。同时推进新媒体衍生领域的相关立法进程，完善法律体系，为新媒体的发展提供较为完备的法律依据。第二，加强常规管理。面对纷繁多样的新媒体服务模式，建立和完善新媒体舆情的搜集、研判和反应机制，对重点网站、热点问题等进行全天候监测，准确把握舆情动脉，为引导舆论和正确决策提供科学依据。加快新媒体技术的研发，加强技术监管平台建设，增强技术防护能力，提高新媒体管理效能。第三，健全新媒体伦理规范。鉴于新媒体的特性，加强新媒体伦理规范体系建设，增强新媒体行业自律意识十分重要。第四，适应新媒体技术和服务样式的发展需要，发挥新媒体行业协会的作用，积极制定完善新媒体伦理规范。大兴新媒体文明之风，加强新媒体伦理教育，推广博客圈典型

做法，引导新媒体人遵守职业道德，增强自身免疫力。第五，建立健全道德监督机制，预防和查处新媒体失范行为，不断提高新媒体职业道德水平，积极推进新媒体自律建设。

总之，加强以互联网为代表的新媒体的建设、运用和管理，必须站在其现实作用和深远影响的高度来认识；从注意规划、加强建设、充实队伍、完善制度、规范管理等方面采取措施；加强信息产业发展与网络文化发展的统筹协调。坚持依法、科学、有效管理的原则，综合运用法律、行政、经济、技术、思想教育、行业自律等手段，加快形成依法监管、行业自律、社会监督、规范有序的互联网信息传播秩序；积极利用和有效管理新媒体，真正使新媒体成为传播社会主义先进文化的新途径、公共文化服务的新平台和人们健康精神文化生活的新空间，推进社会主义文化事业和文化产业的健康发展，保障国家文化信息安全和国家长治久安。

### 四、新媒体发展前景分析

新媒体的发展与社会、经济环境是分不开的。随着我国经济向纵深发展，对于中国的新媒体而言，显然还有很多困难和问题，但它的发展才刚刚开始，并且存在很大的发展潜力。伴随着市场经济的发展变化，中国社会的变革对新媒体的发展影响重大。

中国社会变革为新媒体发展提供了开放的环境。新媒体在传播方面带来的一个重大变化是使信息的自由流通达到前所未有的地步，这在网络媒体上体现得最为充分。

中国社会变革为新媒体发展提供了市场环境。计划经济体制下的中国很难为各类新媒体的研发生产和普及提供内在持久强大的动力。由计划经济转轨为市场经济是中国社会重大的变革，市场化运作同样是中国互联网及其他新媒体持续高速发展的最重要因素。

中国社会变革为国民提供购买及使用新媒体的经济实力。很难想象一个没有经济实力的社会，能够为各类新媒体的大普及和大发展提供最坚实的基础。

中国社会变革与新媒体具有逻辑关系。不同国家对新媒体的认识不同，使用新媒体的时间早晚不同，使用新媒体的广泛程度不同，新媒体在社会中所起的作用不同，政府对新媒体进行监管的力度不同，完全取决于国家形态、社会制度、经济实力、传播体制及科学文化发展水平的不同等因素。

新经济时代的来临和经济全球化进程的加快，给传媒产业带来了前所未有的发展机遇，传媒产业成为世界公认的最具发展前景的行业之一。与此同时，也引发了新媒体的变革和新一轮的竞争，网络媒体的兴起和传媒企业之间的大规模并购、联合，成为新一轮新媒体竞争中的显著特点。

美国传媒行业的相对垄断性和进入壁垒，能产生一定的垄断利润，中国传媒产业方兴未艾。目前中国传媒还没有完全实现企业经营，无论从经营管理体制、经营规模，还是从市场成熟度来看，中国传媒产业还在初级阶段。随着新闻改革的深入进行及传媒经济市场化程度的提高，传媒市场将面临制度性的变革，最终将确立符合市场规律的游戏规则，优胜劣汰的市场铁律在这个领域将发挥决定性的作用，随之而来的将是传媒市场充分发育和走向成熟。

中国经济规模大，增长速度快，企业竞争空前激烈，他们对传媒广告的依靠和重视有增无减，广告作为目前新媒体的主要收入来源，其市场规模仍在持续扩大。此外，中国社会迅速信息化也为传媒的发展带来了新的领域和新的思维方式。

互联网和手机等中国新媒体，将继续高歌猛进，快速地向全球扩张，纵深向社会渗透，新媒体领域"革命"不断，热点频发，新媒体的发现出现了质的跨越。

**五、新媒体对社会的影响及发展趋势**

（一）新媒体的发展现状

由于高新技术强大的力量在推动，我国新媒体发展已有其独特规模，呈现出几个趋势，主要表现为以下方面：

1. 新媒体的技术支撑体系已经比较成熟，这是我国新媒体发展的先决条件

新媒体是一种传播方式，不能将传播方式、载体和内容混为一谈。目前传播内容没变，新媒体带来的只是传播方式不同。从全世界范围来看，新媒体技术已经成熟，计算机成为新媒体传播的中心环节，互联网成为基本载体，光电传导、电子纸技术也日趋成熟。我国新媒体传播的硬件技术和支持条件已经成熟，特别是在通讯领域，技术上不但与国际发展水平相当，甚至有几十项技术能够领先于国外发达国家。

2. 使用新媒体的消费者越来越多

在国家新闻出版广电总局进行的阅读调查中，阅读传统出版物的人数在每年以12％的速度下降，而阅读新媒体的人数则以30％的速度在增长，特别是年轻人和知识分子人群表现尤为明显，他们正是出版物市场未来消费的主力军。再比如说，过去人们读书看报的时间，现在已经大量转移到网络上。这些事实说明了新媒体已经被读者、观众和听众接受，他们的阅读、学习习惯已经发生很大变化。

3. 新媒体的终端已经相当普及

《21世纪经济报道》报道：工信部部长苗圩在通信展暨 ICT 中国·2016 高层论坛开幕式上致辞时提及，截止到 2016 年 7 月，中国移动电话用户总数达到 13.04 亿户，其中 4G 用户总数达到 1146 亿，新媒体的终端设备已经相当普及。这不是政府规划，而是市场自动形成的。绝大多数有阅读能力的人都具备新媒体阅读的终端。

4. 新媒体传播的内容正在日益丰富，政策面对新媒体十分重视

2013 年中央直属机关工委组织部与人民日报社、中国科协机关党委联合召开了"中直机关基层党组织和党员用好新媒体、发挥正能量"专题研讨会。新华网党委等 10 个基层党组织进行大会发言，人民网等 12 家中央重点新闻网站和共产党员网、中直党建网的党组织和党员发出倡议，号召中直机关基层党组织和党员要用好新媒体，发挥正能量走在前、做表率。将倡议书和大会发言摘编刊登，以飨读者。国家十分重视新媒体公共平台的建设。这是发展新媒体非常有利的因素，我国已经在新媒体方面采取了重要的措施，国家正在着力搭建新媒体重要的平台，着重实施重大工程推动广播、电视、出版、数字出版等新媒体平台的建设。

5. 移动互联网是新媒体发展的主要方向

新媒体更加广泛地渗入人类社会生活，进入大数据时代（严三九，2013）；媒体更加注重用户的需求，为用户生产定制内容。在盈利模式方面，随着互联网支付手段越加成熟，一些媒体产品获得用户的直接付费。社交媒体将成为新媒体发展的焦点（张艳，2013）。本研究认为，大数据、移动互联网、社交媒体是全球新媒体发展的主要动向，已经形成相关联的新媒体产业。该产业基于互联网、电信网等数字化网络，以实时、互动、点对点的自由传播模式为主体，形成借助规模化内容产品的生产、传播为主业的各类经营实体，以及相关价值链集群体，产业前景巨大。在这个技术与创意高度集中的新媒体行业，行业引领力量将会诞生，并发挥强劲的引领价值。

（二）新媒体对社会的影响及发展趋势

本研究查阅与翻译了大量中英文相关资料；对腾讯、阿里巴巴、百视通、上海报业集团、上海广播电视台，以及韩国自媒体做了实地调研、访谈；参加相关学术会议，与相关业界专家进行交流、沟通；进行受众控制实验，并做了大量问卷调查。通过 SPSS 统计软件并结合相关深度访谈进行分析，认为在宏观的视野下，以下一些关键点将是未来媒体突破的靶心，这些靶心较为明显地预示全球媒体未来的发展趋势。具体如下。

1. 在新的传媒时代，新媒体更加广泛地渗入人类社会生活

从"互联网＋"到"＋互联网"，从"万物互联"到"万物智能"，电商、人工智能、各类 VR（virtual reality，即虚拟现实）、AR（augmented reality，即增强现实，也被称为混合现实技术）将极大地改变人们未来的生活。

"互联网＋"是用互联网技术去对接配置、迭代甚至取代传统的或者现有的一些生活或者商业模式，有机会重塑传统行业。

"＋互联网"则更多是从传统的行业思考如何利用互联网技术优化现有要素，有一个有序的增效过程。

当前正在从"万物互联"走向"万物智能"，如何通过技术，感知场景，使用户连接服务变得更加智能，而且让人机交互不为人们所意识，这是未来媒体的系统工程。

人工智能（artificial intelligence，简称 AI）在未来 5～10 年会很大程度地改变我们的生活、经济、商业，将覆盖大数据、机器学习等很多方面。包括语音、图像处理，还有很多感官方面的一些大数据的分析和处理。各类机器人在社会中广泛承担着服务型角色，不断介入现实工作与生活，机器智力汇聚着各方人类智慧，甚至有望在某些方面超越人类。人类的角色可能也会发生改变，人类进化可能会走向"人机合一"的状态，一些人工机器人可能会具备自我学习与思辨能力，甚至在程序驱动下，会智能生成，人类难以驾驭。人工智能能否给情感性复杂问题以合理判断？种种因高科技发展带来的问题必将引发更多的发展探索。

从虚拟到现实，更多的"黑科技"在向我们走来，今天它们可能是虚拟的，甚至是匪夷所思的，但是这些"黑科技"将在不久的将来变成现实，并利用互联网技术的创新很大地加速这一进程。国外一些 IT 业巨头，如 Facebook、谷歌、微软、索尼等，无一不在向虚拟现实领域拓展。著名财务咨询公司高盛估算，到 2025 年，VR、AR 的硬件软件营收将达 800 亿美元，如果能走向大众市场，年营收有望达到 1820 亿美元。受相关产业发展及技术接受与普及因素等影响，保守预测，到 2025 年时，VR 与 AR 产业的年营收也有 230 亿美元，特别是在新媒体相关娱乐产业，如游戏、影视、动漫、体育领域将率先提速，越早投资布局的企业，越可能有更多发展前景。不过，本研究认为，VR 适用于给人类带来愉悦的场景，非愉悦场景给人的不适感及 VR 引发人类身体与思维脱节也是难以回避的现实问题。

新媒体科技改变人类生活的案例，阿里巴巴最为典型。以电商起家的阿里巴巴，在过去的十几年，从 B2B 到 C2C 再到 B2C，构建了一个电商生态体系。互联网经济不断发展，阿里巴巴的视野和脚步也早已超出了电商生态体系，并引入 AR 技术强

化销售。自 2014 年开始，阿里巴巴马不停蹄，展开了在文化产业领域的一系列收购。如投资收购文化中国，并更名为阿里影业。将在影视版权、电影投融资、在线售票、数字音乐、数字出版领域烙下深深的阿里烙印。还斥巨资认购华数传媒非公开发行股份。华数传媒号称国内有线电视和新媒体行业的领导者，拥有全媒体完备经营资质，以及多样化的终端、传输渠道，这些都是阿里巴巴在家庭互联网方面的生态拓展的借力因素。

除了阿里巴巴，京东、中国网库、苏宁等电商巨头还纷纷加紧布局农村电商，不断将触角伸向农村深处。"得农村者，得天下"，已然成为电商巨头们的共识。

2. 新媒体发展进入大数据时代，"智能云"成为各类企业走向国际化的路径

现在越来越多的企业、个人资料、生产资料在管理、查询、交易、计算时都在云端进行，这能有效降低企业在 IT 资源的投入，让企业更专注于主业和核心竞争力。这是中国和全球的趋势，特别适合创新型的中小企业。微软把公有云引到中国，通过本地的合作伙伴来运营和交互。短短不到两年的时间里，已经创造了超过 5 万家使用 Azure 公有云的企业用户，以及 3.5 万家使用 Office 365 的用户。这是一个很大的转型，并助力中国的创新性企业走向国际化。

下面来看上海广播电视台（SMG）全面拥抱互联网，与阿里巴巴合作的案例。曾经"一统天下"的传统媒体电视台，最想从阿里巴巴那里获取什么？显然，一是阿里巴巴随着互联网发展而积累的用户数据；二是寄希望通过电商、手游等方式，将媒体注意力直接转化为点击量，获取广告之外新的盈利模式；三是放开节目制作链条，强化用户在节目制作前、中、后期的全方位参与。如今，阿里巴巴斥巨资 12 亿元入股上海文广集团旗下第一财经，双方将在多个领域展开合作。双方合作的第一步，即第一财经新媒体科技有限公司率先成立，研发资讯产品体系、财经数据移动终端、互联网金融智库等各项业务都在积极推进之中。还有一些其他合作业务，如第一财经已经成为基于支付宝用户数据的股票行情系统的资讯服务商。第一财经相应的一些财富资讯管理也将手机淘宝。正如马云所言，当前社会正处于从 IT 时代向 DT（data technology）时代跨越中，建立与开发数据分享的机制、产品，飞速提升数据使用效率，才能使数据更好地服务于经济和生活，同时才能真正使社会在数据时代全面均衡发展。上海广播电视台在两家上市公司（东方明珠、百事通）吸收合并之时，植入与阿里巴巴在数据服务领域内的互联网合作基因。未来，阿里巴巴进军全球化将是最重要的方向，也是阿里巴巴新消费者的开发地。当然，这个战略目标要实现，阿里巴巴同样也面临着挑战与困难。例如，要实现支付全球化体系，支付宝必须要支持多币种同时交易，要克服物流全球化的困难，等等。

与此同时，大数据时代，云计算也成为社会经济发展的基础设施之一。目前，我国政府成为云计算最为积极的实践者之一。云计算在推动电子政务、政府公共服务、智慧化应用、传统工业、金融业、服务业的转型升级，以及催生创新创业企业发展方面均成为关键因素。马云的愿望是将阿里巴巴打造成一个 DT 时代的大数据公司。就目前阿里云的发展态势，阿里云服务涉及政府管理、金融服务、电子商务、数字娱乐、医疗健康、气象等多个领域，阿里云正在构建强大的阿里云生态，涉及政务、金融、电商、手机、智能家居、汽车等几乎所有的领域，为国际化进程打开一条技术通道。

### （三）移动互联持续创新与改变新媒体的发展态势

中国毫无疑问已经成为全球最大的一个移动终端市场。天猫、淘宝在每年"双11"这天惊人人民币数额的成交额当中，有 68％来自移动端交易。移动端有着被人看好的趋势，尤其是当它将移动互联的技术用于交易。

#### 1. 人们可以随时、随地自主地选择各类媒体

传统媒体（报刊、广播、电视、书籍等）不得不与移动互联产生融合，形成各类所谓融合媒体，适应同时也改变着人们的试听、阅读体验。移动互联的基本特征是数字化，最大优势就是便于携带，具备交互性功能强大、信息获取量大且快速、传播即时、更新快捷等基因。以移动广播为例，搭上移动互联网的广播，使得多向互动成为现实。受众可以在线收听，也可回放节目，并随时、随地通过微博、微信等方式，即时参与节目。与传统广播节目相异，移动互联广播倾向于个性化、自主化的节目。

电视观众与传播机构的互动也因移动互联而更加灵活。电视用户在观看节目的同时，依然可以随时、随地通过文字、图片、声音、图像等方式，与电视传播机构进行互动、相互交流。而且随着各种美图、摄像技术的发展，移动互联网用户本身的拍照、摄像功能也使得原先传统媒体的受众的身份，转变为新媒体信息的提供者（UGC，user generated content）。全民参与的新媒体形式不断诞生。视频移动客户端用户接受影响因素需着重内容体验、增加娱乐性、降低风险性、提升易用性。

#### 2. 社会化媒体依然是新媒体发展的焦点，"分享经济"的媒体创意效应出现

移动无线彻底解脱人类，也是未来媒体发展的必然趋势。但是从科技发展现状来看，移动互联网完全超越有线互联网，尚待时日。不过，社会化媒体却非常迅猛地转移到无线互联网，借助移动终端的使用，使得人类对其利用率增幅远远高于私人电脑。社会化媒体不仅融入主流社会，而且如今可与搜索引擎、门户网站、电子

商务相匹敌，并基于社会化媒体平台不断延伸出第三方应用，蝴蝶效应引发各类崭新社会化商业变革。社会化媒体一方面成为人们进行有效交往的社交工具，改变着人们的社会资本；一方面也逐步被政府、企业组织体系广泛应用，以提高其工作效率，并吸引应用开发商转移到社会化媒体的传播平台，研发各类用户所需个性化的服务，所有种种，必将带动更多的投资汇聚社会化媒体领域，使其成为新的产业增长点。

社会化媒体的商业策略与传统媒体迥异，会以免费、搜索、移动互联、网络综艺、平台策略、认知盈余、权力终结、社交红利等方式取胜。流传着各类"疯传"策略，蜻蜓策略（概括为 focus＋get），即专注（focus）：确定一个以人为本、具体的、可测量、能让利益相关者乐意的目标；赢得关注（grab attention）：用一些私人的、出人意料的、发自内心的及形象的内容，在嘈杂的社交媒体中赢得关注；吸引参与（engage）：创造一种个人联系，通过同情心和真实性逐渐接近更深的感情层面，或者通过讲述一个故事，拉近与受众的心理距离。这种参与能使受众足够地关注此事，从而促使他们想自己做点什么事；采取行动（take action）：授权他人采取行动，可以将受众变成潜在顾客再变成队友。社会化媒体中的微信朋友圈信息流广告发展出现新的趋势：一是"转化率"问题，即对于微信广告来说，极高的广告投放成本，如何转化为产品的销售额或者 APP 的下载量，有待考量；二是"差异化整合营销"问题，即制订符合个性的创意，精准营销，考虑用户体验、用户隐私。而且，更多公众借助社会化媒体平台，分享自己的闲置资源，与他人共享资源，并促成消费的"分享经济"商业模式不断涌现在教育、医疗、广告创意、培训、家政服务、租赁、二手交易等领域，正颠覆着人们传统的消费观念，改造着传统社会各个领域，如交通出行、短租住宿、旅游等。未来，用户自主传播的媒体创意效应将以更多的"分享经济"形式崛起，向更多领域拓展，如餐饮外卖、家庭美食分享，一些闲置厨房资源也将被盘活。建立在廉价劳动力基础上的中国发达的快递物流，也将出现人人快递物流众包模式。用户自主传播的媒体创意效应因各类媒介技术的应用越发彰显其魅力。动态看待新媒体发展，从媒介技术、用户需求、媒介生态与资金投入四维度宏观分析，结合传媒产业升级与转型的产业功能特性，同时关注媒体的社会整合功能（舆论引导、协调社会、娱乐大众、传承文化）。上述是未来媒体突破的靶心，这些靶心较为明显地预示全球媒体未来的发展趋势。

## 六、结语

新媒体的载体、新形态与新材料不断出现，以移动新媒体发展势头最为迅猛，手机的增值业务日渐丰富，一个全新媒体平台逐步清晰起来，而新媒体传播内容的海量需求时代也将随之到来。手机与网络平台的完美结合，已经创造了一个个超值回报的神话。与此同时，网络新媒体经历了几十年的实践后，其发展呈现出移动化、视觉化、向导化、娱乐化的新趋势。媒介不仅需要深度解读受众的行为和轨迹，同时也要更加关注受众的需求和偏好。默多克说："未来的读者和观众年轻而富有朝气，对新技术极其敏感，不愿意被领导，并且知道在这个媒体充满竞争的世界里，他们可以随时、随地、随心所欲地用任何他们喜欢的方式获得任何他们想要得到的资讯。"权利正在发生转移，这些年轻的受众必将左右未来变革的潮流完成稳定转型，避免有一天可能会面临尴尬的局面。还要提到的是，发展新媒体业务不仅仅需要懂得新媒体的人才，更需要同新媒体相适应的体制和机制。新媒体的出现，其实是与信息技术的革命密切相关的。数字化彻底冲破了传统媒介一向分割经营的介质壁垒，一种传媒大融合的趋势正在呈现。新媒体在颠覆传统媒体的同时，更创造着新的产业、新的商机。

# 第四章
# 新媒体时代的群众文化建设探讨
## ——以互联网为例

当今世界正处在大发展、大变革、大调整时期，互联网的发展和新媒体建设已经引起人们的高度关注。新媒体在促进整个社会文化发展和创新的同时，加剧了世界范围内各种思想文化的交流、交融、交锋，网络也正在成为各种社会思潮、各种利益诉求汇聚的平台，成为社会各阶层利益表达、情感宣泄、思想碰撞的重要载体。一切事物都向着高速化和信息化的方向发展，文化建设也要紧贴时代的需求。要清楚地认识到互联网对群众文化建设提供的便利及相关的不利影响。群众文化建设是指以群众为文化的主要受众群体，在群众当中开展，以增强群众文化素质，满足群众文化娱乐需求为目的的文化建设事业。

2015 年 3 月，在十二届全国人大三次会议上，李克强总理在政府工作报告中提出"互联网＋"的概念，这个领域包括了物联网、大数据、云计算等与现代信息化生活密切相关的技术，旨在促进电子商务与互联网金融的健康发展，是信息化时代下我国的一项全新国家策略。因此，在"互联网＋"的背景下，群众文化建设一方面要引导群众更加适应"互联网＋"发展的新社会，另一方面也要利用"互联网＋"，使文化建设变得更有针对性。

**一、"互联网＋"的概念及发展前提**

"互联网＋"是当前互联网经济中的热门概念，在"互联网＋"的时代下一切事物都向着高速化和信息化的方向发展，文化建设也要紧贴时代的需求。

（一）"互联网＋"概念

"互联网＋"是创新 2.0 下的互联网发展的新业态，是知识社会创新 2.0 推动下的互联网形态演进及其催生的经济社会发展新形态。"互联网＋"是互联网思维的进一步实践成果，推动经济形态不断地发生演变，从而带动社会经济实体的生命力，为改革、创新、发展提供广阔的网络平台。

通俗地说，"互联网＋"就是"互联网＋各个传统行业"，但这并不是简单的两者相加，而是利用信息通信技术及互联网平台，让互联网与传统行业进行深度融合，创造新的发展形态。它代表一种新的社会形态，即充分发挥互联网在社会资源配置中的优化和集成作用，将互联网的创新成果深度融合于经济、社会各领域之中，提升全社会的创新力和生产力，形成更广泛的以互联网为基础设施和实现工具的经济发展新形态。在"互联网＋"当中，最为重要的是互联网技术的应用，"互联网＋"即互联网技术和传统产业的"加号联合"，也代表着通过这项规划，互联网产业能够整体实现产业升级，从而促进传统产业和新兴产业的全面发展。

"互联网＋"的技术基础是云计算和大数据，通过对大数据的分析整合，可以将互联网的互动性和精准性发挥到最大，从而有针对性地对传统产业的产业结构、生产方式等进行改造。在群众文化建设方面，由于不涉及市场利益，"互联网＋"的应用主要是在大数据和云计算方面，大数据的收集有赖于样本的多样化和大量化，通过上传到服务器进行云计算的形式对群众文化建设产生有益的作用。

### （二）网络新媒体健康生存发展的基本前提

仔细观察一下网络论坛和新闻跟帖的内容，大致也可以看出，理性、周密、客观的评论并不占主流。很多言论相当极端，情绪化、非理性、泄一时之愤的言论非常多，许多人甚至用极不文明的语言表达偏激立场，在网上形成"群骂"景观。互联网的"无界性""自由性"既是优势，也对原本安全的社会运作模式造成了潜在威胁。从稳定社会大局、保证国家机器正常运转、创造健康的社会发展环境角度出发，必须由政府出面，通过法制力、行政力等强制手段有效地对网络公共空间进行管理，对网上舆论进行正面引导，才能避免某些不良倾向造成现实中的连锁反应。

有人把互联网上的言论堆积形象地喻为"舆论的狂欢"，这点在中国的互联网上或许更有代表性。受传统影响，中国人历来参政、议政愿望较西方人更为强烈，政治是人们茶余饭后谈论的主要话题，互联网的出现为这些言论提供了更公开的表达平台。我国互联网虽然发展时间不长，但在舆论表达功能的发掘上却远远领先于其他国家。论坛数量极多，门类五花八门、涉猎广泛。表面上看许多论坛都有明确的内容限定，可是经常发现在以房产、购物或技术等为主题的论坛上仍有大量讨论时事的帖子存在，如果遇到突发事件发生，大部分论坛更是立即转向突发事件讨论，并不会因为事先的内容限定而放弃说话机会。

"新闻跟帖"也是我国网站独创的网络发言形式，自出现以来深受网民欢迎，一些关注度高的新闻甚至能达到成千上万条评论跟帖，相比在其他国家互联网上较为发达的电子商务、金融证券等，言论功能活跃是我国互联网的突出特点。互联网上丰富的舆论资源为政府决策提供了获取民意的重要渠道。随着网络日益普及，大多数领导人都开始重视从网上了解人们对经济发展、社会问题、政府决策的意见看法，客观上也影响了政府进一步决策。"两会"召开期间，普通百姓通过与人大代表、政协委员在网上直接交流，甚至献计献策，使公民得以直接参与到公共事务管理中。从这个意义上说，网络在国家政治民主化进程中扮演了推动者的角色。

### 二、当前互联网时代下，对群众文化工作的要求

互联网的飞速发展对做好新形势下的群众工作提出了新挑战。领导干部要善于学习互联网这项新技术，善于运用互联网这个新媒体，善于管理互联网这个新空间，善于借鉴互联网这个新思维，提高做好互联网时代的群众工作能力。

《关于新形势下党内政治生活的若干准则》提出："改进和创新联系群众方法，建立和完善民意调查等制度，利用传统媒体和互联网等各种渠道了解社情民意，倾听群众呼声，密切党群干群关系。"这对做好互联网时代群众工作提出了明确要求。

（一）注重创新

新媒体时代的文化软实力建设重点要抓好理念创新、手段创新、基层工作创新，努力以思想认识新飞跃打开工作新局面。

首先，理念创新要强化互联网思维。一是建设网络强国。要有自己过硬的技术，要有丰富全面的信息服务，繁荣发展的网络文化；要有良好的信息基础设施，形成实力雄厚的信息经济；要有高素质的网络安全和信息化人才队伍；要积极开展双边、多边的互联网国际交流合作。二是保障网络安全。以安全保发展、以发展促安全，努力建久安之势、成长治之业。三是依法治理网络空间。抓紧制定立法规划，完善互联网信息内容管理、关键信息基础设施保护等法律法规，依法治理网络空间，维护公民合法权益。四是创新互联网技术。要制订全面的信息技术、网络技术研究发展战略，下大气力解决科研成果转化问题。积极出台支持企业发展的政策，让他们成为技术创新主体，成为信息产业发展主体。

其次，方法创新要胸怀大局，把握大势，因势而谋。要胸怀国内国际两个大局、党和国家工作大局、全面深化改革全局。把握大势，就要做到因势而谋、应势而动、顺势而为。因势而谋，就是要提高洞察力；应势而动，就是要提高应变力；顺势而为，就是要提高驾驭力。只有根据环境、条件变化创新工作理念、手段和内容，不为条条框框所限，不因"没有先例"所困，才能使文化软实力建设融入时代潮流，

解决现实问题，在顺势而为中有突破、有创新、有成效。

### （二）注重融合

新媒体相对于传统媒体而言，是继报刊、广播、电视等传统媒体以后发展起来的新的媒体形态。是利用数字技术、网络技术、移动技术，通过互联网等渠道及电脑、手机、数字电视等终端，向用户提供信息和娱乐服务的传播形态和媒体形态。

当前，大量社会热点在网上迅速生成、发酵、扩散。新兴媒体话题设置，影响舆论的能力日渐增强，传统媒体的舆论引导能力面临严峻挑战。习近平总书记在主持召开中央全面深化改革领导小组第四次的会议讲话中强调，推动传统媒体和新兴媒体融合发展，要遵循新闻传播规律和新兴媒体发展规律，坚持先进技术为支撑、内容建设为根本、推动传统媒体和新兴媒体的深度融合，形成立体多样、融合发展的现代传播体系。要一手抓融合，一手抓管理，确保融合发展沿着正确方向推进。

为此，必须建立科学有效的媒体管理体制。推动媒体融合，必须坚持发展、融合、管理并进。对网上网下、不同业态进行科学管理、有效管理，努力提高管理的科学化水平，使传播秩序更加规范。

### （三）注重话语体系创新

话语体系是思想理论体系和知识体系外在的表达形式。不同特色、不同风格、不同气魄的话语表达，对于某种思想理论体系和知识体系在其传播力、竞争力、吸引力、感染力、影响力的效果是不一样的。话语创新，从表面上看是一个语言表述问题，实质上是一个涉及思维方式、思想认同、价值立场等多方面的重大问题。当前，国际政治领域的一个突出变化就是由现实政治向观念政治转变，观念政治的话语权争夺日趋激烈，建设新时期话语体系是增强文化软实力的重要环节，对推进国家治理体系和治理能力现代化具有重要意义。

习近平总书记在全国宣传思想工作会议上强调："我们必须把意识形态工作的领导权、管理权、话语权牢牢掌握在手中，任何时候都不能旁落，否则就要犯无可挽回的历史性错误。"这一重要论断，充分说明了意识形态工作的重要性，有力回应了意识形态工作领导权、管理权、话语权亟待加强的现实必要性，适时提出了当前如何主动创新和加强话语体系建设的实践指向性。

建设中国特色社会主义，实现中华民族伟大复兴的中国梦，是当代中国最具生机活力的实践，也是实现创新话语的丰厚沃土。要努力将我们改革开放所取得的经验和成就赋予深刻的时代内涵，形成具有鲜明中国特色的原创话语体系。话语创新要打通国家主流价值诉求与民间道德规范之间连接的通道，通过即时互动交流，将国家主流意识形态的价值追求和社会的多样价值追求有机结合起来，使代表国家意志的社会主义话语体系可亲、可敬、可爱，为广大人民群众所接受，成为共同遵循的价值准则。同时要努力提高国际话语权，精心构建对外话语体系，发挥好新兴媒体作用，增强对外话语的创造力、影响力、感召力、公信力，讲述好中国故事，传播好中国声音，阐释好中国特色。

### （四）发挥好新媒体的舆论引导作用

网络的发展，一方面不断挑战传统社会管理模式，冲击现实社会秩序，甚至带来舆论引导危机、信息安全危机等。但另一方面，网络本身也是一个中立的平台，用好了，可以在弘扬社会正气、通达社情民意、引导社会热点、疏导公众情绪、搞好舆论监督，以及保障人民知情权、参与权、表达权、监督权等方面发挥重要作用，成为治国理政的重要工具。

第一，抢占文化制高点，用社会主义核心价值观引领新媒体文化建设。占领文化制高点不仅需要雄厚的经济基础，更需要先进文化的创新和引领。中国特色社会主义理论的传播必须致力于主流价值观的导向作用，现实中新媒体巨大的舆论指向引导着社会舆论向着好的或者坏的方向发展。我们要利用新媒体受众广的特征，有效利用好微博、微信和手机客户端等对社会主义核心价值观的传播引领作用。

第二，提供更多更好的新媒体产品和服务，丰富人民群众的精神文化生活。要不断提高新媒体产业的规模化、专业化水平，形成一批体现时代精神、品位高雅的网络文化品牌。不断满足广大网民多样化、个性化的文化信息需求，满足人民群众的精神文化需要。

第三，善于分析研判。新媒体上各种思想文化交流、交融、交锋，观念意识多样、多元、多变，虚拟空间不能对应真实社会，网络舆论也不一定是社会主流声音，所以，要善于搜集舆情，了解民情、听取民意、集中民智，对各种网络舆情进行科学分析研判。

第四，解决好"本领恐慌"问题，真正成为运用现代传媒新手段新方法的行家里手。关键时刻要敢于和善于发声，在大是大非的原则问题上必须旗帜鲜明。

习近平总书记关于文化软实力的一系列论述，包括新媒体理念手段创新、新媒体融合管理、新媒体话语体系创新、新媒体舆论引导等重要内容，立足于网络强国建设的战略部署与"两个一百年"奋斗目标同步推进，本质是为了提升中国特色软实力的影响力、竞争力和凝聚力，根本目的是维护广大人民群众的文化权益和根本利益。要认真学习习近平总书记系列讲话精神，努力建设政治强、业务精、作风好的高素质人才队伍，促进网络基础设施基本普及、自主创新能力显著增强、信息经济全面发展、网络安全保障有力，为实现中华民族伟大复兴的中国梦做出我们的努力。

但是，新媒体是把双刃剑，在带来无限机遇的同时也伴随着巨大挑战。文化污染造成的主流文化引导趋弱，信息碎片化带来的文化深度不够，技术依赖导致的文化创作趋同，娱乐化倾向造成传统经典被忽视等问题，无不在警示我们，群众文化想要得到创新发展，必须善用新媒体，寻找有效策略，积极应对上述挑战。

（五）整合信息资源碎片，确保传播一致性

不论是在传统媒体还是新媒体的传播过程中，信息往往都是以多点碎片状态存在的，如果不能尽可能将所有碎片拼接在一起，就有可能造成盲人摸象的后果，这个问题在科学文化传播中尤其明显。新媒体的网络特点使得任何信息都有源可溯，在传播过程中可以将有关的链接、图片、视频、文字都整合在一起，全方位地还原被传播对象，甚至对同一事物的不同评论、不同介绍都可保留，让公众有对比有选择。

2015年，中国科学家屠呦呦获得诺贝尔生理学或医学奖，成为第一个获得诺贝尔自然科学奖的中国人。之后杭州科技协会开展了一系列与青蒿素相关的科学讲座与展览普及，在活动中面对"是否意味着中医获得肯定""青蒿素的萃取争议"等问题，受邀的科学家都一一做了回答。尽管参与活动的记者进行了详尽的报道，但也不能完全把所有内容都放进报纸进行传播，那么在取舍中就会有一部分信息丢失。而在科技协会网站上共享的活动视频，就能完全重现科学家的讲座与回答。可见，新媒体在保证科学传播的一致性与完整性上，具备更加严谨的特征。

**三、新媒体发展下，满足了当前群众的基本文化娱乐需求**

当今世界正处在大发展、大变革、大调整时期，互联网的发展和新媒体建设已经引起人们的高度关注，新媒体在促进整个社会文化发展和创新的同时，加剧了世界范围内各种思想文化的交流、交融、交锋，网络也正在成为各种社会思潮、各种利益诉求汇聚的平台，成为社会各阶层利益表达、情感宣泄、思想碰撞的重要载体。必须准确把握新媒体发展带来的新机遇、新挑战。一切事物都向着高速化和信息化的方向发展，文化建设也要紧贴时代的需求。在文化建设当中，最为基础的是群众文化建设，我们要清楚地认识到互联网对群众文化建设提供的便利及相关的不利影响。群众文化建设是指以群众为文化的主要受众群体在群众当中开展，以增强群众文化素质，满足群众文化娱乐需求为目的的文化建设事业。

**四、提高做好互联网时代群众工作的能力**

我国互联网的发展，至今已经历了三个发展阶段，即基于万维网的 Web1.0 门户时代、基于移动互联网的 Web2.0 新媒体时代和基于物联网的 Web3.0 大数据时代。互联网作为践行群众路线、做好群众工作、密切党群关系的新渠道，它的加速发展对做好新形势下群众工作提出了新的问题和挑战。领导干部要把握互联网发展大势，提高做好互联网时代群众工作能力，不断把互联网的技术优势转化为党的领导和执政优势，才能与时俱进地密切党群关系，巩固和扩大党的社会基础。

**（一）必须善于学习互联网这项新技术**

互联网被称为 20 世纪最伟大的技术发明之一，进入新世纪仍继续引领着技术创新浪潮。"人民对美好生活的向往，就是我们的奋斗目标。"媒体发展到今天已经历了文字、声音、视频、数字四次革命，作为数字传播介质的互联网，其媒体属性越来越强。当前，移动互联网借助各种终端 APP 软件，形成的微博、微客、微信等新媒体，具有海量、全媒体、快速裂变等传播特性，使舆情生成时间更短、烈度更大、衰减更快。这些传播特性也使得传统分级、分类、内容和归属地的媒体管理模式遭受重大挑战。

**（二）必须以人民为中心**

深刻认识互联网技术的发展要求就是人民日益增长的物质文化需求，积极回应互联网技术发展要求，谋划、推动、引导互联网技术发展。针对互联网技术聚合产业特性，鼓励、支持、引导互联网企业稳增长、促就业、惠民生。落实网络强国战略、"互联网＋"行动计划、大数据战略，推动互联网与实体经济深度融合发展，以信息流带动技术流、资金流、人才流、物资流，促进资源配置优化，促进全要素生产率提升。发挥互联网在国家、政党和社会治理中的作用，实施"互联网＋政务""互联网＋党务""互联网＋医疗""互联网＋文化"等，促进治理体系现代化和公共服务均等化，让互联网技术发展更多、更广泛地惠及群众。

**（三）必须深刻认识互联网传播特性和媒体格局的新变化**

加强新媒体学习，抓紧建章立制，完善互联网信息内容管理制度；践行"48 字方针"，做好新闻舆论引导工作；加快健全互联网舆情采集、分析和应对机制，管控互联网舆情风险，以构建良好的网络秩序和氛围，保障群众在新媒体上交流思想、表达意愿的权利。面对新媒体助推"媒介即人的延伸"转变为"媒介即人的新发展"，要深刻认识到执政党与新媒体互动即互联网时代的党群互动，运用好新媒体，既坚决打击网络谣言和暴力，遏制网络过度娱乐化，鼓励传播正能量，弘扬主旋律，又通过新媒体了解民情，疏通民意，随时为群众排忧解难，同时，还要发扬民主，接受新媒体监督。

### （四）必须善于管理互联网这个新空间

善于通过网络了解民意，开展工作，是新形势下领导干部做好工作的基本功。当前，以互联网基础设施、技术和网民为基础，以多终端连接的数据链为传播手段，以各种数字化的应用、关系、实体为资源的新空间形态已经形成。借助各种终端设备和软件，网络空间与现实空间多维连接无时无刻不进行着资源交换和影响交互，逐渐形成一个双空间交联治理格局，使得不论国家、社会治理现代化，还是党的建设科学化都需要升级为双空间交联推进的 2.0 版本。提高做好互联网时代群众工作能力，领导干部不仅要继续增强在现实空间做好群众工作的能力，还要学习和把握网络新空间特点，管好这个新空间，增强在网络空间做好群众工作的能力。领导干部需要增强政治自觉，学会组织入网，积极探索把支部建在线上、建在群里、建在网络社区中的方法。要在网络空间中与网民结合起来，在网民中生根开花，让网络空间成为我们党领导和执政的新空间、密切联系群众的新场域。各级党政机关和领导干部要学会通过网络走群众路线，经常上网了解群众诉求、关心群众疾苦、回应网民关切，为群众谋利益，解决群众最关心、最直接、最现实的问题。领导干部要深刻认识网络空间和现实空间的互动性，增强双空间协同发展，做好群众工作，做到线上知民情、线下解民忧，线上、线下协同做好群众工作。

### （五）必须善于借鉴互联网这个新思维

互联网作为深刻影响人们生产、生活和思维的技术工具，其"建构世界的倾向"就是它的技术逻辑和互联网思维。领导干部学网要深、懂网要真、用网要实，深刻把握互联网的思维属性，提高做好互联网时代群众工作能力。从机电工业文明向网络信息文明转型的高度，去思考技术逻辑的转变对党的建设和群众工作的影响。借鉴互联网的跨界、平台、大数据、社会化、流量、迭代、极致、简约和用户思维，特别是互联网的核心思维——以用户为中心思维，不断开放政策议程，畅通群众通过互联网等渠道全程、全面参与，积极问政、问需、问计、问效于民，让群众有参与感、获得感、认同感，群众满意了、高兴了、答应了，领导干部做互联网时代群众工作能力才是真正提高了。

### 五、实施"互联网＋群众文化"的作用

#### （一）为开展群众文化工作提供了新平台

"互联网＋群众文化"为群众文化工作的开展提供了一个新载体、新平台、新阵地。在这个平台上，大众可以通过手机、平板电脑等移动终端了解群众文化服务项目和活动情况，也可以浏览网站上的音频、视频、图片和文字资料，还可以通过电子邮件、咨询窗口、评论等方式进行交流互动，足不出户就可以享受到文化服务。

#### （二）为开展群众文化工作带来了新模式

"互联网＋群众文化"创新了文化服务内容和服务方式，以公共数字文化服务的新模式提高了文化服务效能。一是群众文化网站及微博、微信、QQ群等，不受工作时间和开放时间限制，随时随地可以打开电脑或手机进行网上的浏览、互动。二是"互联网＋群众文化"还为群众中的每一个个体实现个性化服务提供了可能。三是提供文化活动新方式。可以借助网络技术平台，举办网上文学、摄影、书法、美术、戏剧、曲艺、音乐、舞蹈等各种艺术门类作品和论文的比赛，调动全民创作积极性。还可举办网络群众文艺晚会、优秀微信公众号推荐评优等。四是可以了解到社会公众对服务的反馈和意见建议。社会公众可以通过邮箱、评论、点赞、转发等多种渠道，以实名或匿名的方式表达个人见解，文化工作单位可以通过互联网收集到各种评论、意见等，便于有针对性地改进服务，提高服务质量。

### 六、案例分析——嘉定区菊园新区群众文化建设彰显活力

在上海市2016年公共文化建设会议上，全市共有150个公共文化建设创新项目受到表彰。其中上海嘉定区菊园新区文化体育服务中心推出的"菊园有戏"社会化行动，聚集社会力量共同参与公共文化服务，使基层文化中心在建好的基础上得以管好、用好，获得了广泛关注和好评。一份彩印的"菊园有戏"文化菜单张贴在居民楼的出入必经处。三三两两的居民路过时都会投去一瞥。文化菜单上，社区每月20余个文体项目累计150余场活动一一开列，如周五有戏、周末影院、真人图书馆、书童故事会、艺术训练营等，可谓琳琅满目、丰富多彩。

　　说到这份文化菜单的诞生，其背后还有故事。据菊园文体中心主任马慧怡说，当地政府部门花钱举办了不少活动，居民却反映"不知道"，有关部门只好费力地凑人数，还各方不讨好。"记得有一年，我们搞了一次传统戏曲演出领票活动，把相关信息贴到楼道里，结果，只有 300 张票的演出，却有 1000 多人领票。"马慧怡回忆，"因为改变了以前楼组长口头通知的习惯，畅通了居民知晓渠道，过去似乎少人问津的演出，如今变得一票难求。"

　　现在，文化菜单在继续保留纸质版的同时，已升级了电子版，每月通过微信公众平台、户外版面式菜单等形式发布次月菜单，每周都发布"菊园有戏，下周有啥"，活动预告细化到以周为单位。至于居民如何参与、何时预约等也都罗列清晰，一目了然，做到了活动信息与百姓零距离。解决了文化配送信息不对称的问题后，菊园新区开始面向居民招募"布谷鸟"文化义工，每月负责将文化菜单张贴于各小区楼道，同时参与其他公共文化的管理和服务，有效弥补了文体中心人手少、事务多的不足。被戏迷昵称为"越剧小王子"的朱严君是居住在菊园嘉保社区的一名大学生，他长期以文化义工身份活跃在社区的各项公共文化活动中。如今，他的梦想是创立一个大学生文化志愿者工作室，尝试围绕社区的好人好事进行作品原创。居民的文化需求多了，原有的菜单显然无法满足。菊园文体中心敏锐地意识到，百姓的文化餐桌必须有更多的"大厨"上菜。从 2014 年下半年开始，"菊园有戏"启动了社会化行动，旨在凝聚更多社会主体为文化餐桌提供内容，共同参与新区的文化项目培育。截至目前，已有 80 余个来自社会各界的专业机构、民间团队及企事业单位和个人拿出了最好的文化资源，融入 20 多个项目的管理运作。所有项目均向居民公开发布，平均每月有近 20 个项目累计 60 多场活动在居民家门口展开，百姓的文化满意度有了显著提升。

　　为了让公共文化服务更接地气，菊园文体中心充分利用互联网技术，及时开设了"文化议事厅"，通过线上线下与百姓互动。某天，"菊园有戏"微信公众平台收到一条信息，一个刚从市中心迁居到此的居民反映，能不能改变一下居民只是当观众的思维定式，尝试在小区培育群众性的小话剧、小音乐剧？文体中心觉得这个建议很好，于是，艺术训练营很快有了新内容。

　　据马慧怡介绍，2015 年 9 月启动的每周六"书童故事会"，目前已办了 70 余期，辖区内 3 所幼儿园和 1 家教育机构组成的教师义工队伍，相继走进文体中心图书馆开展阅读活动，亲子家庭每周一通过云平台订票，一分钟内抢光的节奏被百姓称为"一票难求"。该项目由嘉定区第一届"十佳校（园）长"、实验幼儿园党支部书记张志萍创办。有着丰富亲子阅读经验的她组建了"蒲公英故事妈妈义工团"。因为项目广受欢迎，"张志萍亲子成长沙龙""书声琅琅绘本阅读会"项目也随之诞生。社会化行动使"菊园有戏"丰富了内容供给，更使其具备了长效常态的文化吸引力。而在这张文化名片的背后，则汇聚了众多社会主体参与公共文化服务的热情与智慧。

我们所生活的时代是一个信息时代。群众文化活动是否有影响力，除了活动内容本身的吸引力之外，活动的信息是否畅通，也是很重要的。有不少基层文化馆站，每年年底总结的时候，搞了不少活动，做了不少工作，但就是缺乏影响力，甚至很多老百姓不知道有这样一个机构，或者认为这个机构无非是一种点缀。很多时候，这就是一个文化信息不对称的问题。公共文化活动与文化市场的演出不一样，后者的观众意识很强，广告意识很强，因为吸引不了观众就意味着赔钱，意味着这个饭碗端不住。而公共文化活动，很多地方只要搞了，就算万事大吉，至于受众多少，就抛诸脑后了。

所以，公共文化、群众文化活动，也一定要有信息意识，有广告意识。公共文化管理部门，也一定要建立受众为先的公共文化评价意识，不能光看搞活动的数量不看受众的数量。上海嘉定区菊园新区文化体育服务中心推出的"菊园有戏"社会化行动，每月通过微信公众平台、户外版面式菜单等形式发布次月菜单，每周都发布"菊园有戏，下周有啥"，活动预告细化到以周为单位，做到了活动信息与百姓零距离。这是值得我们学习的。

## 七、结语

就内容而言，多样性强调群众文化资源的优质性和丰富性，既有社会主义核心价值观为代表的主流文化，又有日常化、娱乐化的大众文化；既有博大精深的中华优秀传统文化，又有反映时代潮流、时代精神的时尚文化；既有彰显民族精神的本土文化，又有色彩斑斓的优秀世界文化，等等。不断增强群众文化的开放性与包容性，实现主流文化与多元文化的和谐发展。就形式而言，就是要不断丰富文化载体，在保持传统载体优势基础上，不断探索以新媒体为代表的新载体，让新媒体传播主流声音、传递主流文化，新媒体时代的群众文化成为传统文化和精神的守望者、先进文化的传播者。

群众文化建设的协同性具有两个维度：一是指群众文化与社会文化的外部协同发展。群众文化作为社会文化的重要文化之一，自然而然地受到社会文化的渗透、浸润，没有脱离社会文化而完全独立的群众文化；群众文化又具有自身的文化独立性，以其自身的文化品质既在一定程度上引领着社会文化发展走向，又催生着社会文化新形态的出现，二者在互动互助中实现了共荣共生。二是指群众文化各要素之间的内部协同发展，即物质文化、精神文化、行为文化、制度文化的协调发展。新媒体的出现为群众文化建设内部协同发展提供了新契机，使群众文化在内容上有深度，在接受上有温度，在传播上有广度。新媒体时代，群众文化要找准着力点、瞄准发力点、占领制高点、构建新格局，实现繁荣发展。

在信息化的移动互联网时代，借助新媒体的特征，结合群众文化工作的特点，充分发挥前者的作用，对于打破群众文化工作的限制、拓展受众面、扩大影响力都有极大的创新意义。深入及时发掘互联网的各种功能，将极大促进群众文化活动向科学、先进和可持续性方向发展。希望文化馆业内同人紧紧跟上时代发展的脚步，以高度的使命感和责任感，充分利用当今时代最重要的交流传播工具——互联网——这一科技资源，为人民群众提供更加优质高效的文化服务，为国家文化软实力的提升担负起应有的文化责任，为中国梦的实现贡献出应尽的文化力量。

# 第五章
# 互联网时代群众文化建设存在的问题及策略

互联网时代加速了新媒体的传播与拓展。新时期对社会主义精神文明建设的要求越来越高，而群众文化建设是社会主义精神文明建设的重要组成部分。但在新时期下，群众文化建设工作，在建设过程中面临一系列困难和问题。本章将就新媒体背景下群众文化建设问题展开分析与探讨。

## 一、互联网时代对群众文化的需求

随着经济发展，我国群众文化事业正处于发展改革的探索阶段，对于目前存在的一些问题，我们要在肯定目前群众文化建设取得成就的同时，正视发展面临的问题。当前的群众文化事业发展形势主体良好，较好地满足了当前群众的基本文化娱乐需求。

### （一）群众文化服务方式的社会化、规模化、现代化

相比于之前的群众文化建设，互联网时代下的群众文化建设更加呈现出专业化和规模化的趋势。一方面，这是由于经济形势的发展。改革开放以来，我国政治经济文化各方面都取得了长足的进步，群众文化建设也以市场为基准，在进行群众文化建设上的投入也随之越来越多。另一方面，群众逐渐满足了文化基本需求，正向着更高层次、手段更加多样化的文化娱乐方式转变。同时，对于文化消费的日渐增长，带来的是人们对于流行文化的欣赏口味和审美判断也在不断改变，对于新文化、新事物的接受能力非常强，这就意味着群众文化的形式需要更加贴近群众的实际需要，力求对群众文化事业的创新，借助互联网等高科技手段提升公共文化服务水平。

### （二）群众文化服务内容的传播力、感染力、渗透力

文化是天然带有传播和渗透属性的，某地区的群众文化受众就在一定程度上代表着该地区文化的总体特征。在互联网时代下，群众文化建设不能只依靠自身的文

化发展，还要积极吸收外来的先进文化，打破传统的文化藩篱，只要是有利于人民群众的文化都应该批判性地吸收。另外，先进的群众文化也具有向外传播的特点，如北京、天津一带的相声深受群众喜爱，在网络的作用下，以郭德纲为首的德云社将这一人民群众喜闻乐见的形式推广到全国，在推广的过程中也会吸收其他先进文化的特点，实现自身的发展，这种发展方式值得群众文化工作者学习。

## 二、互联网时代下群众文化建设存在的问题

群众文化是社会主义精神文明建设的重要组成部分，发展社会主义精神文明必须提高群众文化建设，为了精神文明建设的进步，加强文化建设是时代的要求，是广大居民的要求。文化建设既是群众文化工作的基础，又是构建社会主义和谐社区建设的重要内容。想要把文化建设提高到一个新水平，就要在发展中不断创新，在创新中不断发展，让文化在社会主义建设事业中发挥更大的作用。但同时，互联网信息传播的快速发展，对于群众文化的建设也存在诸多问题。而近年来，在新媒体时代下，群众文化建设虽然取得了不错的成果，但仍不可避免地出现了一些问题。

（一）网络爆炸式的信息传播方式导致信息参差不齐，低俗虚假信息泛滥

新媒体发展的最为直观的社会结果，便是信息量的绝对增加。根据美国学者弗莱德里克做过的推算，即使以 5 年为周期来计算，也意味着，在今后不到 70 年的时间内，人类积累的信息量将达到我们今天信息量的 100 万倍。作为新媒体的代表，网络克服了报纸的版面限制，降低了信息传播的门槛，使信息得到爆炸式的增长。然而正是这样的增长速度使得信息真假难辨，低俗淫秽信息严重危害未成年人身心健康。而一些网络谣言的制造者为了引起关注则不惜捏造虚假新闻。据悉，2010 年2 月 20 日至 21 日，由于听信地震传言，山西太原、晋中、长治、晋城、吕梁、阳泉六地几十个县市数百万群众 2 月 20 日凌晨开始走上街头"躲避地震"，山西地震官网一度瘫痪。2011 年 3 月 11 日，日本东海岸发生 9.0 级地震。从 3 月 16 日开始，中国部分地区开始疯狂抢购食盐。3 月 21 日，杭州市公安局西湖分局查到"谣盐"信息源头，并对始作俑者"渔翁"进行行政拘留。这些网络"大 V"，利用网络的快捷传播与迅速扩散，造谣传谣形成所谓影响力，进而谋取不正当利益成为网络"大谣"，在误导民众判断的同时也造成了社会的动荡不安。

（二）市场利益驱使供应商传播不良信息，法律法规却未能跟上

中新网曾发表消息称："传媒与出版业是现在乃至新世纪最后一个暴利行业。"

受新媒体广大的受众市场与几何倍的利润回报的驱使，一些供应商便甘心以"人为财死"的方式追求眼前利益，无视法规法纪，向网络中大量投放、传播不良信息。以楼宇电视为例，由于户外广告媒体的不断增多，加快了户外广告投放额的上涨幅度。北京、上海、广州的楼宇电视与电梯平面媒体发展空间广阔，成长环境优越，其面向的高、中收入消费群体相对集中，与其他市场相比，增幅显著，提升了一级市场的户外投放份额。但它有一个致命弱点，就是目前尚无播发新闻信息的资质，广告是其唯一内容，侵害了人们的公共空间，单一地播发商业广告，造成了"视觉污染"。可以看出，在新媒体的管理中，法规制度还不够完善，从而使牟取暴利的运营商罔顾社会责任，导致市场经营秩序无法得到维系。

（三）网络平台在提供便捷言论的同时产生网络暴力，使公民隐私难以维护

网络是一个言论相对自由的平台，人们在畅所欲言的同时也很容易形成网络暴力，即一定规模的有组织的网民，在"道德、正义"等"正当性"的支撑下，利用网络平台向特定对象发起的群体性、非理性、大规模的、持续性的舆论攻击，以造成对被攻击对象人身、名誉、财产等权益损害的行为。这样的行为使得言论自由产生异化，"人肉搜索"成为一些人泄愤的途径，公民的隐私权变得难以维护。以胡伊萱案为例，由于孕妇谭某诱杀送其回家的善良少女的行为，导致满腔怒火的网民曝光了谭某父母及妹妹等不涉案者的个人信息进而对他们的生活造成了影响，虽然这是大多数网民处于"公愤"时的行为，希望替枉死少女出气，但这样的行为，归根到底仍旧是侵犯了公民的隐私权，而这样的案例并不是个案。可见，网络暴力影响着公民的正常生活与学习，甚至会对当事人造成严重的精神侵害。

（四）网络制度尚未完善，侵权抄袭现象难以遏制

版权，作为一种民事权利，就是法律赋予创作者对自己创作的作品的表达、复制、传播及利用的控制权。它不是专指文学艺术和科学作品，在互联网中的微博、博客等，只要是首次公开表达的创造性表达，都可以受到著作权法的保护。然而，由于网络上信息流通量大，审核能力有限，再加之在这个虚拟平台上通过网民的注册账号很难追查到本人，使得版权的维护变得举步维艰。大多数时候，人们仅仅只需要注册一个账号便可以任意复制、抄袭他人的言论，并在未经作者允许的情况下任意转载他人作品。这样的行为已然侵权，却由于提供了大量可供免费快捷下载的资料，使得很多网民也乐于接受这样的"免费午餐"，从而形成了既有抄袭者复制，又有传阅者下载的网络环境，也使侵权现象在网络上成为一种人们"默认许可"的

行为。

（五）政府监督困难，网络公信力有待提高

2008 年 6 月，中国已大幅超过美国，跃居成为世界第一网民大国。截至 2017 年 8 月 4 日，中国互联网络信息中心（CNNIC）发布了第 40 次《中国互联网络发展状况统计报告》，中国网民数达到 7.51 亿。面对这样庞大的网民人数，要做好统计监督，必须经历一个长期的统计与规范过程。现今，政府对于网络舆情的监督引导难度较大，仍然缺乏对于网络等新媒体的监督力与审核力，一些希望借助谣言来博得眼球的网络媒体便不顾职业道德，大量散布谣言假新闻，造成了网络信息真假难辨，网络缺失公信力的局面。

（六）网络中表层信息和通俗娱乐的"麻醉作用"与"数字鸿沟"的扩大

拉扎斯菲尔德和莫顿曾在《大众传播、大众鉴赏力和有组织的社会行动》中针对现代大众传播的负面作用提出了"麻醉作用"一说，其认为：大众媒介以低廉的价格大量占用人们的时间，使人们沉浸在虚幻的自我满足中，从而丧失社会行动能力。所传递的浅俗、煽情化的内容，使人们的审美鉴赏能力退化，成为不假思索顺从现状的单面人。笔者认为，拉扎斯菲尔德和莫顿所阐述的大众传播的负面作用，同样也是网络所存在的问题。网络具有信息海量传播的特点，然而，在这些成爆炸式增长的信息中，充斥着大量的低俗表层信息，这些信息具有新异性与刺激性，在吸引人们去点击阅读的同时也侵占了人们思考与学习的时间，人们习惯于将注意力集中在零碎肤浅的八卦娱乐之中，加之网络上缺乏深度的评论对人们的误导，很容易使人们沉溺在虚拟信息中难以自拔，失去思考与判断的能力。

（七）负面舆论堆积造成"比坏"心理腐蚀社会道德

网友利用网络的虚拟性，在匿名的情况下毫无顾忌地发表偏激言论，对社会风气产生负面影响，这些"好事不出门，坏事传千里"的现象，如天价月饼、豪华跑车，由一点进而延伸到各个领域的负面信息五花八门，充斥全屏。就连生活中的"衣食住行"在网络上也更多地表现成了一种异化与奢侈，在这样的环境下，人们往往会为了一己私利而罔顾法律，长久如此，将会造成整个社会诚信缺失，投机主义及社会风气恶化。

### 三、促进新媒体在群众文化中发展的对策思考

新媒体在带来言论繁荣的同时也在带来言论失控与社会动荡的风险。如何看待这些问题、研究有效解决对策，对于新媒体的健康发展与社会的和谐稳定起着至关重要的作用。因此，针对上述几点问题，有以下几种解决措施。

（一）借助广大受众的社会监督控制，健全信息审核平台

信息审核是筛选网络信息是否适合传播的第一道门槛，在网络飞速发展的过程中，建立健全相信息审核机制这一关卡，有利于从源头上有效遏制不良网络信息的大面积传播，将不良信息扼杀在初始阶段。然而，在数量巨大的网民面前这样的审核并不好开展，因此，应借助广大受众的力量。由于受众是网络信息的直接受传者，同时，是网络低俗虚假信息的第一受害人。因此，受众具有对媒介活动进行监督的正当权利。受众可以通过个人信息反馈等手段建立民间信息审核平台，由"公众利益"来制约网络虚假信息的发展。

（二）完善网络法律法规，逐步形成规范的网络秩序

在新媒体飞速发展的同时，法律规范应当如期而至。但是，据目前的资料来看，关于网络规范方面的立法资料还相对较少，在网络大面积普及的情况下还存在许多有待完善的法条法规。因此，应加快推进网络立法建设，依法治网，建立健全网络规范与监督，注重保护公民的隐私权与著作权。使民众在享受自己言论自由的同时也可以更好地履行自己的义务，不至于为了追求个人的利益而罔顾他人的合法权利，并在此基础之上，逐步形成规范的网络秩序，以保证网络的健康发展。

（三）加强国家政府的舆论管控，引导舆论向正确方向发展

传播学教授郭庆光在《传播制度与媒介规范理论》这一章节中认为："国家和政府的政治控制是媒介控制的主要方面，这种控制的目的是通过法律、法规和政策，来保障媒介活动为国家制度、意识形态以及各国家目标的实现服务。它主要包括以下几个方面：规定传媒组织的所有制形式；对传播媒介的活动进行法制和行政管理；限制或禁止某些信息内容的传播；对传播事业的发展制定总体规划或实行国家援助。"

国家与政府作为强有力的管理者，在解决新媒体存在的问题上也居于主导地位。2007年，中共中央新年伊始的第一次学习就是网络文化建设与管理；2008年，总书

记胡锦涛开与网民交流之先河；大力发展媒介和文化产业，在每个五年计划中都占有重要位置。可以看到，国家正在重视和支持着新媒体的发展。国家和政府对于新媒体发展的重视和关注，将对新媒体存在问题的解决与舆论的正确引导有着重要的指导作用，面对复杂的网络环境，只有国家和政府站出来指导舆论方向，切实加强网上正面宣传，才能有效解决问题，使互联网真正成为传播先进文化的崭新阵地，成为教育的重要渠道和有效载体。

（四）依托政府支持，加大技术监控治理力度

从新媒体信息的传播过程来看，新媒体传播是产业链式的传播。整个传播过程需要涉及内容提供商、内容集成商、移动平台提供商、移动运营商、终端提供商、渠道合作伙伴等诸多环节。因此，新媒体的内容安全，也同样需要产业链中各个环节的密切合作。在移动互联网环境下，构建针对有害内容源、有害内容传播渠道及最终目标（移动终端、平板电脑）的全生态系统的防护体系，才能对信息内容进行有效监管，从而保障移动互联网健康、有序地发展。

因此，应以政府为依托，研究不良信息传播的演化机制，加强对网络通信软件、网络传输内容的管理。规范应用商店对通讯软件的检验和测试流程，使用户，尤其是抱有新异心理的未成年用户在浏览信息时受到一定的合理制约，使互联网的网络信息体系更加干净与安全。

（五）媒体人增强自身自律感，坚守职业道德提高"公信力"

媒体的"公信力"来自媒体人的自律与其对于职业道德的坚守，作为一个媒体人，其最基本的职业操守便是在威胁与利益面前，坚守媒体从业者客观公正的态度，也只有这样，才能获得公众的信赖。面对问题深入调查、客观负责地评论，促进积极信息的传播，这是网络媒体的责任与义务。通过"自律"换"自由"，以自律公约的形式强化自我约束和管理力度，才能获得媒体公信力，同时，使网民拥有一个健康阳光的网络环境，向社会传递出"正能量"。

（六）提高网民素质，实行网络实名制

在网络普及的同时，也应该注重培养网民的思考与辨别能力，正确对待真实客观的负面信息报道，以避免将谣言信以为真而产生情绪激化。此外，网络的虚拟性也是网络存在大量谣言的重要原因，虚拟身份使得一些网民认为自己可以摆脱法律的规范而大肆造谣散布非法信息，在一些主要领域实行实名制则可以辅助网络法制

建设，规范网民的行为，也为网络安全与"清网"行动提供了便捷。

找出解决新媒体存在问题的对策是社会安定与和谐的必由之路。在未来，新媒体将以更快的速度普及发展，其对于社会的影响也将与日俱增。如何良好地解决新媒体存在的问题，是需要国家、政府、媒体人乃至每一个公民共同努力的，也只有这样，新媒体才能健康发展，社会也才能和谐安定。

## 四、结语

从产业视角动态研究新媒体早已成为国家层面的重要主题，所谓的新媒体也日益广泛地渗入人类社会生活，影响人们的生活方式，国家相关主管部门早已从战略布局上确立了新媒体的相关主流地位，这是一种交互性的全媒体融合形态。所谓的新媒体逐渐发展成我国传媒产业领域的新发之力。从全球领域、国家战略发展高层来看，如何拓展所谓新媒体产业也是当下与未来文化传媒娱乐领域的重大问题之一。所谓新媒体产业是文化产业、娱乐产业的新业态，是国家政策扶持重点。中国新媒体应用已有 20 余年，新媒体研究也有 10 多年，毫无疑问，新媒体是"当前最热的研究领域"。各类智能终端，以及移动互联网开放平台的应用服务技术，成为新媒体传播的核心技术基础。新媒体改变了媒体的传播路径，也改变了媒体与政府监管的关系，新媒体的开放、互动对政府规制构成了新挑战。各类新媒体生态中的传统媒体如何转型，如何与新的媒体进行融合，一直是该领域研究的重要主题。所谓传统媒体如报纸杂志、图书出版、电视、电影等也都尝试突围、创新和变革，传统新闻内容生产模式、传播通道被打破，新的新闻生产机制正在孕育和成形。

新媒体是信息科技与媒体产品的紧密结合，新媒体带来的媒体创意新经济，使得原来传统媒体从规模经济转向了范围经济、共享经济等模式，各类高新技术手段不断创新着人类支付方式，并提供个性化的特质服务，不同媒体皆试图借此把握一条独特的可持续发展之路。目前比较热门的新媒体，如智能手机、内载各类新媒体内容产品、新媒体软件创新产品等，这些都是新媒体同时也属于新媒体硬件生产领域产品，其内含新的媒体经营模式。

新媒体不断提升自身营销价值，营销属性加强。新媒体从内容产品，到渠道多样化的营销价值日益成为广告主、广告公司、公关公司等营销机构的关注焦点，新媒体已然成为企业整合营销中的最重要组成部分。新媒体促进了主体文化的包容和开放，通过技术手段，促进新的亚文化圈的形成，促进了不同文明的对话。我国新媒体产业同样呈现严重的区域差距和发展不平衡现状。一是各级城市间，以及城市与农村间的不平衡；二是东部与西部，沿海与内陆间的不平衡；三是各大官方媒体机构各自为战,缺乏协同效应思维与行为,导致境内外各类资本云集,媒体大鳄积极渗透,抢占我国新的媒体市场。

概言之,目前所谓新媒体已然发展成为全球最具发展活力与潜力的前景产业。随着各类新媒体的不断涌现,不仅人们的生活方式被潜移默化地改变,世界传播新秩序也不断被重塑着。当前,在全球化趋势下,对新媒体产业现状与趋势的研究尤显必要。

# 第三部分
# 新媒体时代下群众文化活动的开展

　　群众文化活动的组织与开展，直接关系到农村乡镇、城市社区千家万户广大人民群众的根本文化权益，是文化工作的重点和难点，是一项需要长期抓实抓好的基本任务。我们要提高对活跃群众文化生活重要性的认识，结合本地实际情况，采取措施，扎扎实实推进文化建设，努力满足人民群众日益增长的精神文化需求。

　　目前，国家对群众文化基础设施的投入是非常巨大的。90％的乡镇新建或扩建了综合文化站，配置了开展文化活动用的设施设备。70％以上的行政村建起了书屋、文化活动室，文化信息共享工程更是遍布城乡。如何利用这些文化设施、设备，组织开展群众喜闻乐见的文化活动是文化工作者必须探索的重要课题。充分发挥农村基层文化阵地作用是每个文化站长肩负的重要职责。

　　媒体作为宣传的载体和平台，对促进社会发展和进步起到了不可磨灭的作用。在网络、信息时代，媒体借助现代技术得到了平台的拓展与变革。在新媒体环境下，准确地把握新媒体的含义与特征，探寻新媒体背景下群众文化活动开展的路径与对策，从而借助新媒体，不断增强群众文化活动的活力和魅力，对于群众文化工作的开展与发展具有重要的意义实现。

　　本部分共包括四章，第六章是与时俱进，利用新媒体开展群众文化工作，从建设群众文化的重要性为切入点，分析新媒体时代下群众文化的发展及群众文化工作的管理措施。第七章是探讨群众文化活动中的新媒体应用实践，以动漫为例展开新媒体时代下的群众文化的发展及带来的影响。第八章是新型社区群众文化的开展，主要以广场舞为例，对群众文化展开相关叙述，主要叙述了新媒体时代下广场舞作为群众文化的代表，研究新媒体时代下如何增强广场舞在群众文化建设中的地位及群众文化对广场舞的影响。第九章是新媒体时代的群众文化——以春节为例，开展对新媒体时代下的春节文化的影响，其中讨论了新媒体时代下的春节的年味是变"浓"了还是变"淡"了的问题。

# 第六章
# 与时俱进，利用新媒体开展群众文化工作

新媒体是相对于报纸、广播、电视、杂志四大传统媒体而言的，包括数字报纸、数字广播、数字电视、网络等媒体。新媒体在推进公共文化服务体系建设、加快文化产业发展、丰富文艺精品创作、促进文化市场健康有序发展方面发挥着积极的作用，能够极大地丰富群众文化生活，拓展群众文化活动开展的广度和深度。本章主要论述了在信息时代，如何利用新媒体开展群众文化工作。

现代社会是多元化、信息化、高效率的社会，交通方便，资讯发达，新旧媒体轮番"轰炸"，令人应接不暇。人们了解情况、掌握信息的渠道有很多，可供选择的娱乐和休闲方式也是多种多样。在开展群众文化活动过程中，想要吸引更多的人参与进来，形成轰动效应，逐步达到"群众演、群众赛、群众看、群众评、群众乐"的目的更是很不容易。在这种情况下，依托新媒体，尤其是互联网的作用来积蓄正能量、发挥正能量、释放正能量是非常必要也是非常有效的。比如手机、电视、电脑在中国已经非常普及，而新媒体时代的手机、电视和电脑也已经实现互联，无论对传播资讯方还是对了解情况方，都非常方便、快捷、高效，可以极大地提高群众文化发展的效率。

## 一、群众文化是推动社会主义文化繁荣发展的基础力量

当今世界科技信息飞速发展，以互联网、手机等为代表的新媒体技术日益成为人们学习、生活、工作的重要载体，在很大程度上也改变了人们传统的生活、生产、交流、学习等方式，这也对群众文化工作发展提出了新的更高的要求。新时期，面对新形势、新任务、新要求，如何更好地发挥好新媒体的积极作用，完善群众文化网络信息平台建设，对于提高群众文化建设的针对性和实效性，提升群众文化的吸引力和感染力，推动社会主义先进文化的发展具有重要作用。

## （一）充分认识群众文化建设的重要性

文化是民族凝聚力、向心力和创造力的重要源泉。党的十八届三中全会提出，建设社会主义文化强国，必须坚持社会主义先进文化前进方向，坚持中国特色社会主义文化发展道路，坚持以人民为中心的工作导向，进一步深化文化体制改革，为推进社会主义文化发展提供了重要方针、指明了前进方向。群众文化是推动社会主义文化繁荣发展的基础，群众文化阵地建设是开展群众文化活动、传播先进文化的载体。深入推进文化惠民、文化利民工程，是群众文化工作的出发点和落脚点，是构建社会主义和谐文化的重要基础。因此，加强群众文化建设，既是丰富广大人民群众文化生活、构建社会主义和谐社会、促进经济社会发展的重要举措，也是推动社会主义文艺大发展大繁荣、实现中华民族伟大复兴的重要保障。

## （二）深刻分析群众文化建设的基本现状

历年来，党和国家高度重视群众文化建设，在各级党委、政府的关心支持下，广大群众文化工作者自觉响应时代和人民召唤，以昂扬的精神状态、积极的工作热情，通过不同形式，广泛深入歌颂国家、民族和人民的伟大实践，群众文化工作呈现出了百花竞放、异彩纷呈的良好局面，群众文化创作更加积极，群众文化队伍更加意气风发，文化惠民活动蓬勃开展，文化服务体系建设扎实推进，群众文化取得了明显的工作成效。

## （三）清醒把握群众文化面临的新形势

当今社会，随着经济社会快速发展，人民群众对精神文化生活要求越来越高。广大群众迫切希望业余文化生活能够更加丰富，公共文化设施更加完善，公共文化服务体系更加健全，公共文化生活环境更加洁净，人们的生活不再单调，不再是在麻将桌上消磨时光，不再是在社区里"扯闲话"，而是在社区综合文化站里读书、上网，或者是早晚在广场参与群众文化活动，进行一些形式丰富多彩、群众喜闻乐见的公共文化活动。然而，新形势下，如何进一步激发社区居民的活力，真正让公共文化生活"活"起来，营造积极向上的精神文化氛围，成为广大群众文化工作者需要深入研究和探索的重要课题。

## 二、新媒体对群众文化活动的影响

基于实效性角度审视新媒体技术对公众参与社会活动方式的改变能够发现，新媒体技术使得公众的精神文化诉求得以满足，不过同时也使传统文化无法保持对公众的吸引。有鉴于此，应辩证地分析新媒体技术对群众精神文化活动的影响，从而实现对其中正面效用的发扬及对负面效应的摒弃。

（一）新媒体给群众文化活动带来的挑战

新媒体对于传统群众文化活动的开展也会造成很大的冲击。新媒体技术依托信息技术创设而来，其由视频、音频、图片等形式实现使用者之间的高效信息传递与互动，从新媒体的交互性与及时性的特点分析，且不受时间与空间的限制，这对于传统的群众文化活动来说，是一个巨大的挑战。新媒体传播方式和表现形式的快捷多样，使得广大群众可以随时随地获得自己想要的信息，使其对群众文化活动的关注度与参与度下降。新媒体在媒体使用与内容选择上更具个性化，可以做到面向更加细分的受众，而传统群众文化活动由于条件的限制，在信息容量与种类上都有着很大的局限性，这是传统群众文化活动所远远不及的。新媒体的互动性和参与性能够充分调动受众群体的积极性，能够让群众在互动体验中获得更加深刻的自我满足感，新媒体在信息的种类与容量上都具有极大的优势，可以充分满足受众对于多种多样的文化知识与信息的需求，这也是很多群众更愿意通过电脑或者手机进行文化信息的浏览与阅读，而对于参加群众文化活动却没有太大兴趣的原因。这也使得群众文化的积极性降低，增加群众文化活动开展的难度。

值得注意的是，新媒体中还存在着许多不良信息，如虚假信息与网络诈骗等，也会存在一些造谣生事、煽动群众、诋毁社会形象的恶意信息，这些也都会给群众文化活动的开展造成一定的阻力。

（二）新媒体给群众文化活动带来的机遇

事物往往都具有双面性，新媒体技术的普及应用为群众文化活动提供了全新的发展契机。从某种程度上来说，新媒体同样丰富了群众文化活动的内容形式，使得群众文化活动的拓展和外延得以扩大，实现了对传统群众文化活动传播的模式与内容方面的创新，尤其是新媒体技术以其高速的信息传播性及受众的广泛性，使得群众文化的传播获得全新的传播介质，为群众提供了实现线上文化高效互动的契机，给传统群众文化的变革带来了更多的可能性。新媒体在传播群众文化活动的同时，本身也必将成为群众文化活动的一部分，使群众文化活动开展突破空间与时间限制，可以在更广阔的平台上施展，使得群众文化的交流学习更为便捷。新媒体提供了多元文化的对接交流平台，使各个地区、风格迥异的群众文化活动的交流不再受到时间、空间的限制，为群众文化活动的开展提供了一个便捷的互动交流平台；另外，新媒体具有的个性化特征，可以通过互动更好地了解每一个受众的文化喜好与心理倾向，使新媒体信息能够更好地针对群众的个体需求，提供更加个性化的服务，使群众文化活动更具有吸引力。

当今社会，以网络新媒体为代表的网络信息技术快速发展，已经日益深入社会各领域，成为各种思想文化交流、交融、交锋的新阵地。党的十八大报告明确提出"加强和改进网络内容建设，唱响网上主旋律"的部署要求，这也给新媒体环境下的基层群众文化建设提出了新要求。为此，应科学把握新媒体发展的新形势、新特点，充分认识新媒体环境下，群众文化工作的着力点，对于提升群众文化针对性和实效性，增强吸引力和感染力，具有重要意义。

### 三、新媒体环境下群众文化工作的突破与改变

现阶段，在新形势、新环境下，很多的群众文化工作者没有从思想意识上进行突破与改变，还在一味地因循守旧，抱着固有的传统观念不放。在新生事物与旧有观念的矛盾冲突中节节败退或是故步自封，使得群众文化陷入了被动、不利的境地。群众文化活动的吸引力和生命力源于活动的自身特色和方式创新，只有坚持自身特色不断焕发出活力，只有与时俱进，才能使群众文化工作发挥出应有的作用。

#### （一）创新思维

无论何种工作的开展，思想观念决定着成效。开放、创新的思想观念往往也代表着先进性。对于群众文化工作，创新思想是重要的先决条件，只有创新思想，才能与时俱进，才能在时代的变迁中保持工作方式和方法的先进性，才能符合时代发展变化的要求。保持群众文化活动的吸引力需要创新思维。保持群众文化活动的吸引力是工作开展的必要前提，只有具备足够的吸引力，才能让广大群众更好地参与到活动中来，活动的价值才能得到更完美的体现。在当前环境中，各种新媒体的出现，使得传统群众文化活动的吸引力逐渐降低，足不出户，人们便可享受到交流的乐趣，这对传统的群众文化活动造成了巨大的冲击。但是，我们也必须看到，互联网与移动网络也有着相似的弊端，新媒体并非完美无缺，取长补短、优势互补才是发展的必然，而这需要的恰恰是一种思想的创新。只有思想上不断创新，才能使眼界得到提高，才能使思想得到转变，化被动为主动，使群众文化活动得到更好的开展。

（二）创新方法

1. 推进群众文化的多元化、普遍化

群众文化需求已经从原来的单一化转向多元化发展。当前，群众的精神文化需求已由单纯的兴趣爱好转变为"求知、求乐、求美"的多元化需求。既有强调文化享受的，又有要求彰显个体文化素养的；既有追求"下里巴人"传统群众文化的，又有崇尚"阳春白雪"高雅文化的；既有积极参与的，又有爱好展示的，不一而足。随着市场经济的纵深发展，人们对物质文化需求更加渴望的同时，也有条件去选择自己的精神文化。全球经济一体化和互联网的广泛普及，使人民与外界的联系更加紧密，对精神文化需求的意识显著增强，传媒也向着多元化方向发展。这些都促使群众文化多元化的发展成为必然之路。

2. 借助新媒体拓展群众文化活动的宣传途径

新媒体，让公共文化服务机构具有自我生产和传播的能力，也让群众具有更多可选择的文化信息通道。推进新媒体平台建设，本质是公共文化服务机构建设其文化内容的自主传播渠道。利用新媒体开展群众文化工作，可促进群众文化工作不断实现多元化、普遍化，可以保证在多个信息传播线上消解公共文化服务与群众的时空距离。如建立官方网站、官方微博、官方微信公众平台等，可以在较短的时间、较大的范围内获得较强的宣传效果。重视在网络上、微博、微信公众号等新兴媒体上布局传播平台，建构彼此呼应、有效衔接的传播矩阵，是新媒体时代公共文化服务机构提升服务质量的必要选择。例如在基层群众文化建设中，有关部门可创造性地利用网络建立"网民沟通会"制度。"网民沟通会"以社区居民喜爱的活动为主题，在每次活动举办前相关部门可通过短信、网络等方式发布"会议启事"，征集辖区内网民报名参加。相关职能部门需派专人负责解决网民普遍关心的问题，进行答疑解惑，以确保活动举办的高质量。又如还可以通过开通微博、微信，关注各种"网言网语"，分析每周网络上民众关注的重点。

3. 拓展群众文化工作的内容与服务功能

文化内容是群众文化活动开展的根本载体。文化内容必须根据群众文化信息的需求，借助于新媒体，传播正确的文化知识和文化价值观念，从而提升公民文化素养。要精心选题，在微博、微信等新闻媒体上持续推送优质的群众文化内容和活动信息。应用现代信息技术，优化新媒体平台功能结构，通过文本创意、视音频创意、虚拟现实等方式涉及文化传播单元，实现文化内容数字化、网络化，方便群众对文化信息和服务的访问，加大群众对文化活动的知晓度与参与度。

数字图书馆、群众文化互动平台等数字文化网络平台的建立，扩展了文化服务的工作模式，为群众提供了更便捷、更直观、更高效的文化服务平台。集图像、声音、文字、动画和数据于一体的数字文化网，能让群众以直观的方式轻松自由地进行文化体验，实现了文化资源跨地域的传播和共享。

利用媒体开展群众文化工作，可将广大群众变成实实在在的参与主体，不仅让他们自主提出问题、发现问题，还可以积极采纳他们的合理化意见及建议。这样，就实现了群众智慧与群众文化开展工作、社会管理工作的有益结合。由于网民来自普通群众，提出的问题一定是自己真正关心的，是自己真正想参与进来的，对整个活动有着清晰的感知和认识，许多意见建议不仅有针对性，而且可操作性很强，这就为相关部门工作的开展和解决实际问题提供了便利与帮助，促进了群众文化工作不断向前开展。

4. 利用新媒体以群众为主导开展群众文化活动

新媒体的发展得益于互联网科技的不断发展，科学技术的发展可以更好地服务新媒体。在新媒体环境下，对群众文化信息的访问、发表、转载等行为，都能够自动存储在互联网上。文化机构网站的访问路径和时间、微信推送的阅读或点赞、微博或评论文本的发表转载等，在一定程度上反映着人民群众的真实文化需求。比如对某些文化内容的收藏、评论、点赞、转发等，就能够利用相关技术进行统计和分析。例如，统计群众登录什么样的网站，网站受访较为集中的时间、路径、人群情况。相关文化宣传部应该投入专门资源，对新媒体上的行为数据进行搜集、整理和分析，从而挖掘出群众文化生活需求，并在社会主义核心价值观的指导下，提供个性化的文化信息的传播。

例如，天津市和平区在拓展群众文化过程中完成了区党政门户网站群、区电子政务专网群、和平区数字文化网等一批需求强烈、应用广泛、资源共享的业务信息系统。和平区数字文化网在为全区群众提供动态文化信息、共享公共文化资源的同时，也在积极探索群众互动参与文化活动的新模式。实现了新闻媒体浏览、数据资源共享、电子图书借阅、群众文化评比、网络视频会议、网络申报、远程求助、一票通等多种服务功能，覆盖率达到100%，居民足不出户就能享受全方位公共文化服务。在为群众提供动态文化信息的同时，和平区数字文化网在群众互动式参与方面也进行了尝试。他们利用数字技术视频互动平台，为群众文化提供艺术课程指导与交流，开展"和平好声音"、大众摄影展等互动赛事及文化活动、开展 DV 影像大赛、数码创意设计课程等活动，在节省活动成本的同时，提升了公共文化服务的品质和科技含量。同时，他们还利用网站互动反馈机制，进行文化需求问卷调查，了解群众需求，群众也可以通过网络热线进行文化生活求助，并得到及时有效的回应。

人民群众既是群众文化的参与者，又是群众文艺脚本的"剧作者"，也是群众文艺节目中的"剧中人"。要利用科学技术，积极实现双向交流，坚持以人民为中心的文艺方向是文艺工作的基本规律，也是群众文艺事业繁荣发展的内在要求。这就需要群众文化工作者在实际工作中积极拓展文艺作品生产供给渠道，要及时回应群众需求，开展好"菜单式"服务，充分利用贴吧、微信、微博等新媒体广泛征集群众文化活动方案和原创文艺作品，满足不同地域、不同职业、不同年龄段群众的喜好。总之，就是对群众文化建设工作及时地进行改进，最终以满足公众想法为目的，将群众文化加以传播。充分尊重群众在文化活动中的主体位置，形成"自下而上"的公共文化服务模式，实现文化建设上的以民为本。

5. 利用新媒体加大群众文化工作的推广力度

利用媒体的本质——传播和宣传，尤其是利用新媒体传播快、广的特征，使群众文化推广工作在较短时间内获得更大范围的宣传效果，扩大群众文化工作的影响力。首先针对群众，对于群众文化信息缺乏的现象，面对"舆论源头"正面从传统媒体向网络媒体平台快速转移之势，通过编制包括名称、地址、职能、机构网址、微博号、微信公众号等信息的公共文化服务机构名目，选择流量大的地方门户，通过线上入口或线下实际组织，进行活动内容、方式的宣传推广，提高群众文化工作的推广效率。相关部门要考虑设计常规化、系列化的线上传播活动，结合线下群众文化生活的组织，让更多群众关注、访问自己的新媒体平台，发展越来越快。例如，部分地区微博、微信公众号全面启用，微信视频的播放，官方平台与网民的积极互动，进一步激发了网民参与群众文化建设的热情，主流舆论的号召力、影响力越来越强，群众文化开展得如火如荼。各乡镇（街道）也纷纷建立起微信公众平台等新媒体载体，积极宣传政策知识、廉政文化、乡土人情。要积极发挥网络新媒体的平台优势和传播优势，全面报道每一次大型群众文化活动的开展情况，充分展现当地群众的精神文化生活，大力宣传每一次群众文化活动举办的重要意义，为深入推进群众文化工作建设营造良好的网上舆论和社会氛围。

新媒体形式的群众文化将会摒弃传统群众文化建设中工作单一、禁锢的缺点，将一些不具有吸引力的文化节目活动进行淘汰，或将其进行改造，增强其时代感。在形式上、内容上及专业技术上都有大力的改革和发展，符合现代化社会背景下群众精神文化生活的细腻、具有层次感的趋势。迎接互联网的挑战，实现群众文化活动开展的"华丽转身"。同时群众文化服务机构应建立新媒体传播和管理的工作团队，从事文化服务的需求调查、文化内容建设、与群众互动沟通、创意传播、平台推广、效果监测等工作，政府部门应该在政策、资源、技术等方面，对群众文化服务机构的新媒体传播建设进行引导和鼓励，在制度上促进各群众文化机构利用新媒体来提供群众文化信息服务。

### 四、新媒体环境下，政府开展群众工作的创新

新媒体技术的迅猛发展，给党和群众的工作带来新的机遇和更广阔的空间，对我国民众的政治、经济、文化意识形态等很多方面产生了深远的影响。新媒体增加了公众政治参与的渠道，为群众表达意见、进行监督提供了新的通道，为党和政府网络问政提供了新的窗口。这些变化对党的执政能力提出了新的更高的要求。如何在继承和发扬优良传统的基础上，做好新媒体视野下的群众工作，提高党的群众工作能力，充分发挥网络等新媒体在联系服务群众中的重要作用，已成为新时期党和政府面临的重要课题。

（一）新媒体环境下对党和政府开展群众工作的新机遇

当前，互联网正处于一个快速扩张时期，并且由一种信息技术手段演变为社会生活中扮演重要角色的新媒介。互联网创新和普及应用速度前所未有，新业务、新业态层出不穷，博客、微信、微博、社交网站等大量涌现。这些新兴网络媒体的出现，为党和政府了解社情民意、做好群众工作提供了新的方式。

1. 为群众参与政治生活提供了新的渠道

第一，网络的交互性、开放性为公众参与政治生活提供了信息平台，下情上传，自由沟通，在方便公众倾吐心声、满足其利益诉求的同时，也不断提高了人民群众的民主政治参与度。在互联网上，人人都是信息的传播者和发布者，尤其是我国的弱势群体，如低收入者、农民、青少年等的话语权得到了充分保证，增强了政治影响力。

第二，网络的广容性、超强实效性和全球性等特征，为群众了解政治信息提供了新的桥梁。群众不仅可以通过政府网站及商业网站了解到大量的政治及时政新闻，而且能在短时间内了解到全球任何地方发生的政治事件，还可以接受异质政治文化，而对于各类政治信息的了解和认知是形成政治的态度和参与政治的前提。这拓宽了群众的政治视野，直接促进了全球范围内政治的多元化发展。

2. 为群众表达意见、进行监督提供了新的渠道

群众工作的本质要求是实现党和政府决策与社情民意的上通下达，首要任务就是要确保群众声音的传播能够有效互动、畅通无阻和快速及时。改革开放以来，群

众利益诉求不断向多元化、多层次发展。不可否认，党和政府在政务公开、民主监督和人民意见表达及传递上的工作并非十分理想。和传统媒体相比，网络在民意表达、监督方面具有独特的优势和强烈的时代特征。以网络为平台，实施党务、政务公开化，同群众进行对话交流，自觉接受监督，有利于各类矛盾的化解。如人民网的"地方领导留言板"，以其无可争议的成效，充分彰显了互联网在群众工作中的独特作用。给社会群众提供合理的利益表达渠道，并对这些诉求进行积极而理性的回应，积极解决群众通过网络反映的实际问题。人民网"地方领导留言板"取得的突出成绩，显示了领导与网民良性互动的正面效果，也为通过互联网开展群众工作提供了诸多启示。

（二）新媒体环境下对党和政府开展群众工作的新挑战

新媒体已经成为中国民众获得信息、了解世界、表达诉求的重要渠道。现实表明，网络舆论引领社会舆论的能量越来越大，而且民意功能更加突出，公共利益、民生问题是其重要焦点。这种新的传播模式，对党政机关和各级领导干部的传统意识形态权威、突发事件的处理能力、网络舆论引导能力等都提出了新的要求和挑战。

1. 新媒体环境下信息传播模式造成传统意识形态权威消减

新媒体的发展，对当前我国意识形态的重大影响就是使意识形态的领导权受到挑战。意识形态领导权是一种文化权力，也是执政能力的重要内容。长期以来，党的意识形态领导权是借助于政权的力量，通过宣传方式实现的。而随着新媒体技术的发展，网络信息、网络技术、网络意识等"网络分子"依靠自身的特质和力量，以不知不觉的方式渗透到主流意识形态中，以"分子渗透"的方式进行着对传统意识形态的侵蚀。传统社会中，官员在与群众的沟通中占主导地位，可以通过广播、电视、报纸等传统媒体向群众传递政府的信息，群众是被动的接受者，而且群众表达诉求的途径比较少。互联网的出现改变了传统的沟通方式，打破了官员与群众沟通不对等的格局，政府官员在现实社会中引以为傲的行政级别、权力优势在虚拟社会中都不存在。通过网络，党和政府可以传递政策，政府官员可以发布施政理念，普通群众可以批评政府官员的行为。所以，可以说网络的普及是对传统沟通方式的颠覆。

2. 公信力下降使舆论引导变得异常困难

社会公信力，一般理解为一个组织或个人获得社会广泛认同和信任的能力。政府的社会公信力体现为政务诚信度。新媒体环境下，社会公信力特别是政府的公信力受到严重冲击。社会公信力尤其是政府公信力的受损导致很多时候政府说话，民众不信，政府有关部门在网上辟谣，民众不以为然。如 2011 年的"抢盐风暴"，几乎一夜之间，中国沿海大城市、超市库存的食盐被民众抢购一空。虽然政府、专家级传媒一再强调，日本的核污染不会对中国造成影响，然而事实是，民众宁愿相信来源不明的谣言，也不相信自己的政府。在网络曝光突发性事件后，一些部门和领导干部极力掩盖事实真相，极端轻视公众的判断力，不及时主动发布准确权威信息、引导舆论，政府部门公信力遭遇危机，陷入"塔西佗陷阱"的尴尬局面。

3. 传播技术革新舆论制造和组织功能空前增强

互联网的兴起使中国媒介生态发生了翻天覆地的变化，传统媒体对信息的垄断和对舆论的控制格局被打破，信息源主体从传统的大众媒介及其控制机构逐步扩展到群众个体层面。全国有 7.51 亿个网民就有 7.51 亿发表言论的信息源和麦克风，这就是信息化条件下的舆论生态。这样便利和高效的信息传播渠道和意见交流平台，对于舆论的形成，具有得天独厚的优势。这种优势在强烈的表达热情下，衍生出了强大的网络舆论力量。社会转型期群众现实的利益冲突、各种思想观念及社情民意都更为集中地在网上反映出来。无论大小，只要是具有某种敏感特质的事件，均会迅速形成网上舆论，进而产生巨大的舆论影响力。在处理群众的一些敏感问题上，由于应对不及时或不妥当，往往陷于被动，导致局部问题全局化、简单问题复杂化，严重影响政府的中心工作，极大地损害了政府的形象。

**五、新媒体环境下，群众工作的路径探析**

在新媒体环境下，通过提升党政干部的网络素养及网络舆论引导能力，借助网络载体深入人民群众，着力解决群众反映的突出问题，满足群众的诉求愿望。结合当前正在开展的党的群众路线教育实践活动，不断完善新媒体环境中开展群众文化工作的路径，在实践创新中提升群众工作的能力，发挥新兴媒体在群众工作中的重要作用。

*（一）提升网络素养是新形势下党政干部形象塑造的必修课*

互联网加深了党和人民群众的血肉联系，也进一步拉近了政府与人民群众的距离。适应网络时代发展要求，突破传统思想束缚，主动接受、融入网络，不断提升运用网络媒体、应对网络舆情、展示网络形象的能力，已经成为各级党政干部应对网络挑战、改善网络形象、提升施政效果的必备技能。党政干部对待互联网的心态折射出能力、信心、涵养、气度等素质。在面对网络压力时，党政干部应调整心态，顺势而为，主动融入网络接受群众监督。

（二）加强网络舆论引导能力

舆论引导，本质上就是要引导人们正确地认识和判断事物。舆情危机一旦发生，可以从两个方面进行思考和策划，一是实施层面，二是价值层面。因此，网络舆论引导也有两个基本立足点，一是引导事实，二是引导价值。事实引导策略，重在向网络舆情危机利益相关者提供更多真实信息、解疑释惑、澄清事实、告知真相，以及事件的前因后果、来龙去脉，重在实现自我价值体系的再造和利益相关者对引导者机制认同观念的重塑，在价值异化的情况下追求新的价值认同。很大程度上，价值引导的思路就是把对象引导至全局利益上来，一同协力度过危机。把冲突各方引导至共同利益上来，而不是在非理性冲突中忘记最重要、最宝贵的共同精神。具体从以下两个方面入手。

第一，发挥专业机构和人员的作用，做好重要舆情信息的监测、预警工作。要在网络舆论引导和舆情应对工作中达到预期的目的，获得成功，就要从实际出发，坚持实事求是，认识和尊重规律，按照规律办事。分析舆论热点在酝酿、形成、发展、高潮、消退等不同阶段的特点，找好舆论的切入点，寻求舆论引导的抓手。通过技术投入、机制建设等措施，运用科学的理论、方法和手段，建立排查机制，不断跟踪及时信息，鉴别信息真伪，把握趋势和苗头，在网络舆情监测和研判的基础上，提出科学对策，为相关部门科学决策提供参考。

第二，建立手机平台，充分利用网民了解手机舆情。网络管理部门在管理辖区网站的同时，应该寓管理于服务，主动协调主要网站，为群众提供发表意见的平台，主动了解民情民意，并利用这些平台，收集整理舆情信息，协助有关部门解决群众反映的问题，满足群众的诉求、愿望。

新媒体的快速发展是当今信息社会的一个重要特征，应以积极主动、开放包容的态度对待新媒体。要充分依托现代科技手段，进一步提高新形势下与社会、与群众沟通的能力。

## 六、结语

综上所述，新媒体具有传播速度快、范围广、互动性高等特点，其能很好地消解不同阶层之间、不同年龄段之间、不同的话语系统之间及不同文化背景之间的边界，为丰富的群众文化工作的传播与传承提供了一个良好的工具和载体。当然，新媒体在传承文化过程中所发挥的作用与产生的影响还需要我们进一步思考，但至少目前可以看到，通过新媒体，让更多的人参与到了群众文化的活动中来。在新媒体时期，要学会利用新媒体，从全新的视角，充分展示地区群众文化工作建设的成果，充分展示地区良好的精神风貌、丰富多彩的群众文化知识。要高度重视新媒体板块的群众文化建设工作，并力求使新媒体真正成为传播社会主义核心价值体系、满足广大人民群众日益增长的精神文化需求的主渠道、主阵地，同时成为一个与业界共同合作、共同发展、多方共赢的平台。要充分发挥新媒体的互动性和快捷性的作用，搭建起与群众之间的桥梁，开展群众性文化活动相关工作。新媒体的发展不仅加快了其传播的速度，而且提升了群众文化工作的传播力度和广度，让其传播的质量和品位都有了很大的提高。新媒体技术在群众文化工作中发挥了积极的作用，有效地促进了文化的传承和发展。

# 第七章
# 探讨群众文化活动中的新媒体应用实践
## ——以动漫相关活动为例

群众文化活动是社会主义精神文明建设的重要组成形式，对于提高广大群众的文化素养具有重要的作用。随着信息技术的不断发展，新媒体为群众提供了更加丰富的娱乐休闲和获取信息的途径。对于群众文化活动的开展既是机遇又是挑战。新媒体时代的到来，对传统群众文化活动产生巨大影响。如何利用新媒体开展群众文化活动的组织与策划，借助新媒体优势，不断增强群众文化活动的活力，是亟待解决的重要课题。本章将以动漫节为例，探讨群众文化活动中的新媒体应用实践。

随着科学技术的高速发展，新媒体时代崛起，让新媒体成为越来越多人关注的话题。新媒体在许多产业领域有着自己独有的作用，尤其在动漫产业，若能凭借新媒体的技术结合设计艺术，将对动漫文化的构筑与宣传添砖加瓦。面对这样一个媒介融合的新时代，事物都在发生变化。以往那种传统的传受关系，是媒介报道什么，用户就只能接受什么。而在这个媒介发达的新媒体时代，随着用户媒介素养的提高，对媒介使用的主动性、参与性、积极性的提高，将打破传统的被动媒介关系，用户与媒介站在同一位置来享受媒介传递的信息。新媒体影响着现代人的生活，同时也对原有的群众文化活动产生了巨大的改变和影响。

进入 21 世纪以来，在政府的大力扶持下，我国动漫产业的发展取得了令人瞩目的成就，动漫产量屡创新高，动漫电影的票房纪录一再刷新。在这些傲人的成绩中，不可忽视的是一批成长于互联网的草根动漫形象如兔斯基、悠嘻猴、张小盒、Hello菜菜走红。这些动漫形象的背后仅仅是单枪匹马的创作者或几个年轻人搭建的运营团队。这些动漫形象没有巨额投资的支撑，没有轰轰烈烈的营销宣传，却照样积聚了超高人气，获取了商业收益。它们的走红离不开对动漫形象设计原则的遵循，即成功的动漫形象要造型独特和个性鲜明。除此之外，新媒体对这些草根动漫形象的走红功不可没。

## 一、动漫的相关概念及前景

### （一）相关概念

**1. 新媒体动漫的概念**

新媒体动漫，是指以触摸媒体、移动电视、网络、数字电视、数字电影等为平台向观众展示的动漫形态。

**2. 动漫产业的概念**

动漫产业是以创意为核心，以动画、漫画为表现形式，包含动漫图书、报刊、电影、电视、影像制品、舞台剧和基于现代信息传播技术手段的动漫新品种等动漫直接产品的开发、生产、出版、播出、演出和销售，以及与动漫形象有关的服装、玩具、电子游戏等衍生品的生产和经营的产业。它是资金密集型、科技密集型、知识密集型和劳动密集型的产业集群，具有消费群体广、市场需求大、产品生命周期长、高投入、高回报率、高国际化等特点。

### （二）新媒体动漫前景广阔

近年来，在各级政府的大力支持下，我国原创动漫已经与世界动漫在产品、技术、项目、人才等层面展开了全方位交流合作，但是，其内容远远落后于其他动漫强国。随着手机、网络等新媒体技术的发展，动漫开始告别传统传播渠道，向着以"科技"为先导的"大动漫"产业过渡。

相比欧美、日韩等传统动漫强国，中国新媒体动漫市场发展前景异常广阔。有业内人士表示，中国动漫应在新媒体领域寻求突破，使得动漫不仅仅是内容上的产品，也能成为应用型的产品，和更多行业融合。西安碑林科技产业管理办公室副主任孙志红认为，动漫和新媒体的跨界合作已是趋势，无论是从新媒体的应用面还是使用人群来看，都有一定优势。

## 二、新媒体动漫发展历程

网络动画最早是通过 Flash 软件的普及而发展起来的，Flash 软件改变了早期网页平面静态的特点，逐渐渗透并影响着广告、电视、电影等传统媒体。2000 年年初，国内视频网站开始兴起，各种"闪客"（国内 Flash 的使用者）开始运用 Flash 技术制作动画短片，当时比较火爆的作品包括：国内"闪客"桂华政创作的"阿桂"系列和香港 showgood 公司创作的"大话三国"系列等。2000 年年底，音乐人小柯的《日子》以 Flash MV 的形式在电视台出现；2001 年 8 月初，歌手孙楠的首张 Flash 音乐专辑面世；2002 年，Flash 广告网络开始全面推广。

从 2006 年到 2010 年是中国新媒体动漫发展的成长时期，这一时期的新媒体动漫呈现出弱、小、散，以个人或小团队创作为主的草根特点。2006 年，杭州玄机科技的"秦时明月"系列动画连续剧开始在互联网上进行传播。"秦时明月"不仅是国内大型武侠类动漫的最早的代表作之一，至今仍是同类作品中的翘楚，拥有较高的收视率和影响力。2006 年和 2007 年，悠嘻猴和兔斯基分别通过 QQ 表情、单幅漫画等形式在网络上蹿红，成为新媒体时期新型动漫作品的代表。2009 年是我国手机业的 3G 元年，同时也是新媒体动漫大年。相比草根卡通明星短、平、快的成名历程，2009 年更具有"大制作"气质的草根动画也相继浮出水面。如《超级包子》系列、《打，打个大西瓜》《李献计历险记》《功夫兔》系列等在网络上登场后，立刻引起广大网民的喝彩与共鸣。

2010 年以后，许多在传统动漫领域经营多年的动漫企业开始转战新媒体市场，相关领域有实力的平台类、综合类企业也开始向新媒体动漫领域发展，新媒体动漫开始进入行业整合、优胜劣汰的新阶段。2010 年 1 月 28 日，我国首个手机动漫公共技术服务平台在长沙启动，为手机动漫业务内容创作、内容集成与分发、服务运营等提供全方位服务。中国移动手机动漫基地于 2010 年 4 月正式落户厦门，该基地通过提供内容浏览型产品、动漫数字衍生品，满足用户"看动漫"和"玩儿动漫"的基本诉求，实现"动漫手机化"与"手机动漫化"的战略目标。中国电信动漫运营中心于 2010 年 11 月 18 日在厦门正式揭牌，并正式推出"天翼"动漫业务。中国联通手机阅读基地与众多手机动漫内容提供商广泛合作，并于 2012 年成立沃动漫基地。高清视频网站爱奇艺于 2011 年 3 月 9 日启动中国首家原创动漫视频发布平台。2012 年 3 月，腾讯公司的原创动漫发行平台官方网站（http：//m. ac. qq. com）正式上线运营。2012 年 7 月，国内首家基于微博应用的大型漫画阅读分享平台——新浪微漫画——则推出了微漫画激励计划。新媒体动漫竞争日趋激烈，开始进入群雄逐鹿的时期。

在产值方面，根据相关研究机构统计，2011—2013 年，我国新媒体动漫产值分别达 39.78 亿元、58.36 亿元、71.85 亿元，期间我国动漫产业整体增速为 20% 左右，新媒体动漫的增速为同期动漫产业增速的两倍多，说明新媒体动漫正日益成为动漫产业发展的重要推动力量。

### 三、新媒体背景下动漫产业发展的新特点

#### （一）制作方式的新特点

长篇网络动画打破了传统动画整体制作再播出的传统模式，它是利用网络的同步性进行分阶段的制作与播出。分段制作的模式大大缩短了动漫企业制作资金的运转周期，并且由于分段制作可以保持特效与制作技术的市场同步性，并及时根据观众的反馈来对产品进行调整，大大降低了动漫产品的市场风险。

由于新媒体动漫的制作成本和传播成本都大大降低，使得动漫的 UCG（用户生产内容）模式在新媒体时代成为可能。目前在互联网上比较活跃的卡通形象大多由草根阶层创作，并获得了网民与普通大众的喜爱。源自草根阶层的卡通明星大多造型简洁，容易识别，富有个性，走可爱路线，因此能够从草根涂鸦文化的汪洋大海中脱颖而出。其相关作品常常以 Flash 动画短片、表情动画、桌面壁纸、屏保等形式在互联网上广为流传。

新媒体动漫与传统动漫相比，与网络游戏、网络文学等新媒体内容产品有着天然的血缘关系，这使得新媒体动漫与其他新媒体内容产品之间的融合和衍生创作更加方便和丰富。由七彩映画工作室出品的原创 3D 网络动画《我叫 MT》，其创作背景原型是暴雪公司著名的网络游戏《魔兽世界》，在国内市场取得了很大的反响。

改编自知名网络写手唐家三少的小说《斗罗大陆》的同名漫画迅速走红，作者穆逢春的收入也跻身漫画作者收入前五。3D 动画电影《昆塔》则是在国内首个儿童思维养成体验的互动网络平台"盒子世界"的背景基础上推出的动画电影。

#### （二）产品形态的新特点

在新媒体平台上，既有将传统动画、漫画通过新媒体平台进行传播形成的网络动画、网络漫画、手机漫画等产品形态，也有只在新媒体平台上才存在的彩漫、手机主题、壁纸屏保、QQ 表情等新型产品形态。最具代表性的则是在新媒体平台上出现了没有内容产品为载体的动漫明星，这在传统动漫产业中几乎是不可能的。

前面提到的悠嘻猴和兔斯基最早都是通过 QQ 表情广为传播。除此以外，目前以形象为中心进行品牌打造的最成功的案例则是由北京梦之城文化有限公司运营的阿狸动漫形象。2006 年，阿狸推出 QQ 表情等互联网虚拟产品并蹿红于网络。目前，包括阿狸 QQ 表情、社区模板、输入法皮肤、壁纸等在内的互联网增值产品覆盖上亿用户。梦之城后来推出了阿狸系列的绘本和动画短片，打造了 300 余款阿狸

产品，品类包含毛绒公仔、服饰、箱包、文具、生活用品等，除了在天猫、淘宝、当当、京东等线上渠道热销之外，首家线下实体店也在 2012 年底落户北京中关村，并开展了与太平鸟家纺、DQ、御泥坊等品牌的商业授权合作，成功实现了新媒体动漫形象从线上向线下的"逆袭"。

新媒体的传播平台让应用动漫有了更为广阔的发展空间。所谓应用动漫是指动漫这一艺术表现形式在广告、灾害、航天、医疗等领域的应用，通过动漫的形式对某些实际场景进行模拟、复制和还原。相对于传统的传播方式，动漫的最大特点是再现与原创的迅捷性。新媒体的普及与应用，网络动画的低成本，以及智能手机的普及，促进了各种动画题材的出现。例如，在"7·23 动车事故"发生后，优酷网制作并播出了事故的模拟动画演示，让人们比较直观地了解事情的起因和过程。而动画广告的应用更是深入到人们生活的方方面面，地铁上的公益广告和商业广告越来越多地以动画为表现形式，在许多电子商务网站上，网络动画也成为招揽购物者的工具。更有许多动漫爱好者在热点社会事件发生后，创作出相应的动漫作品对其进行呼应，获得网民的关注和传播。

（三）传播方式的新特点

新媒体动漫在传播方式上的首要特点是交互性。数字艺术的交互性特征，归根结底是由其相关媒体所具有的交互性所决定的。美国学者爱略特·金对"交互性"这一概念指出：一方面，它表明用户已有可能控制用何种顺序来获得信息；另一方面，也可用来描述在信息的生产者与消费者之间日益增长的交互关系，也就与反馈有关。

在传统媒体例如电视、杂志、出版物上传播的动漫产品，消费者只能被动地接受，渠道控制者如电视台、出版社、杂志社、电影院线在动漫产品的传播上有着极大的话语权，这也使得在动漫行业一直有"渠道为王"的说法。但在新媒体时代，消费者可以在海量的动漫产品中进行自主选择，不仅可以选择使用和消费动漫产品，还可以选择传播动漫产品。新媒体环境下的 UCG 模式使得动漫产品如何能够被消费者看到变得容易，但同时使得动漫产品如何在众多产品中被消费者关注和传播则变得困难。动漫产品只有具有能够吸引消费者的内容才能得到广泛的传播，这也使得传统动漫产业以"渠道为王"的状况开始向"内容为王"转变。新媒体动漫在传播方式上的另一个特点则是传播媒介的多样性。互联网、手机、数字电视、楼宇视频、车载视频、平板电脑等各种移动终端的出现，让新媒体动漫可以在多种媒介和终端上进行传播，同时各种终端之间数据格式和标准的不同也为新媒体动漫的发展带来了极大的挑战。

### （四）消费市场的新特点

新媒体动漫在消费市场上的新特点主要表现为消费者年龄由低幼年龄段向全年龄段发展。新媒体的发展为国产动漫产业引来了发展成人动漫的新契机，动漫正从针对低幼儿童的娱乐产品，演变为全龄化的文化产品。这样的变化不仅拓展了国内动漫产品的内容形式，还因为成人具有更强的付费能力而使动漫产业出现了新的盈利模式。

### （五）盈利模式的新特点

与传统媒体由传播渠道商向内容提供者购买动漫内容产品，然后免费提供给消费者的经营模式不同，新媒体平台下支付渠道的日益成熟让消费者直接付费观看动漫产品成为可能。在互联网动漫行业，企业通过搭建在线平台或者与门户网站合作的形式来销售自己的动漫作品。随着人们对原创动漫重视程度的不断提高，用户对动漫作品的消费习惯逐渐养成，一些知名动漫网站对用户的黏性度也持续增强。手机动漫则由于电信运营商具有天然的收费渠道，手机动漫市场的快速发展也得益于运营商为主导的服务模式、营销体系，以及个人付费模式的成熟。艾瑞咨询的调研数据显示，全国动漫爱好者约为 1.6 亿人，其中 54.6％的人对手机动漫感兴趣，有58％的用户愿意每月支付超过 5 元的使用费。

### 四、新媒体时代动漫产业发展趋势分析

2014 年年末，国家新闻出版广电总局实行优秀国产动画片推荐播出办法和国产动画片发行许可证制度。这一制度旨在鼓励放宽动漫产业投资环境，有针对性地破解动漫产业在发展过程中的资金难题；建立以手机移动客户端为核心载体的新媒体技术手段的全媒体传播平台；找准市场地位，促进产业集群化发展。在各级政府的扶持鼓励政策下，创意产业中心、动漫产业谷、动漫产业基地相继在国内建立；一批优秀动漫作品也在央视频道播出，并在国内国际大赛中获奖；一批优秀动漫企业也屡出精品，在国内同行中脱颖而出。具有庞大受众规模的新媒体以其传播迅速、海量存储、双向互动等特性，为我国动漫企业提供了新的发展机遇。分析草根动漫形象运用新媒体的成功经验，无疑有助于我国动漫企业认识新媒体的优势、抓住新媒体为动漫产业提供的发展机遇。

（一）动漫行业对新媒体的应用将会更加广泛和多样化

目前，新媒体主要作为动漫产品的内容发布平台和分销渠道。新媒体动漫由于其制作成本低、传播交互性强等特点，成为动漫产品的前期测试平台。借助网络这样的测试平台，创作者可以根据目标受众的需求进行动漫形象的设计和故事脚本的创作。企业或个人也可以将动漫衍生产品的设计稿放于网上进行试运营，从而减少后期开发的风险。同时，动画电影、出版物等线下动漫产品在销售前，也可在新媒体平台上进行宣传和预售，从而锁定目标受众群，可以起到降低风险和聚集人气的作用。另外，从传播费用上看，网络媒体提供了更为廉价的传播平台，为富有创意的动漫创作者或动漫工作室提供了展示才华并获得成功的机会。同时，新媒体平台上动漫产品的交易也将从内容产品扩展到衍生产品，电子商务的不断发展缩短了动漫衍生产品的开发周期，降低了产品开发与营销的成本。

（二）内容提供商在价值链中的地位将会不断提高

在现有的新媒体动漫的运营模式中，渠道商在动漫产品版权价值链中起主导作用。网络质量、用户的注册和管理、费用收取等几乎都由其掌控，而内容提供商则处于弱势地位，其积极性也因此受到影响。这一现状导致目前新媒体动漫产品内容匮乏、品质偏低。随着用户付费消费习惯的不断加强，用户对原创内容的挑剔和新媒体产品竞争的日益激烈，新媒体动漫将逐渐从"渠道为王"向"内容为王"的发展模式不断转变，内容提供商在价值链中的地位将会不断提高。

（三）新媒体动漫的消费市场将进一步细分

目前，新媒体平台已经将动漫产品的消费者从低年龄段发展到全年龄段。新媒体可以精准地将信息和产品推送到目标消费人群，同时，新媒体的交互性又决定了消费者可以及时对产品进行反馈，某一类型的动漫产品将通过同类消费者之间的传播而对某一特定消费群体形成用户黏性。因此，在新媒体平台上，动漫企业在生产动漫产品时需要对其目标消费群体的年龄、性别、职业特征进行精确定位。

（四）统一的行业标准将是推动新媒体动漫发展的关键力量

我国新媒体动漫行业标准一直以三大电信运营商制订的手机动漫出版标准为主，市场分散无序，动漫产品浏览与下载中仍会遇到不少问题。标准的不统一限制了市场空间的进一步扩大，制约了新媒体动漫的发展，也不利于提高内容提供商的原创积极性。由文化部牵头，整合三大电信运营商、服务提供商和主要内容提供商，共同制订的手机（移动终端）动漫标准已于 2017 年 3 月 6 日正式发布，成为国际标准，这是中国文化领域的第一个国际技术标准，新媒体动漫行业标准的统一将进一步打开基于互联网和移动互联网的新媒体动漫市场。

**五、新媒体时代动漫对群众文化的影响**

**（一）践行"以用户为中心"的新媒体理念，发挥群众文化活动的主体性功能**

群众文化活动的主体是群众，充分发挥群众的主动性，构建生动的文化内容，提供多样的文化选择，强调群众参与共享共建。新媒体时代不再仅仅只是把群众文化活动理解为简单的读书会、游园会等，而是真正从供给的角度思考群众喜爱什么，需要什么，如何提供优质的文化服务。要在文化信息传递、文化资源提供的基础上，进一步转向"以用户为中心"的服务理念上来。应用新媒体技术构建起良好的群众文化沟通机制、文化资源展现平台。例如，中国国际动漫节在如何利用新媒体真正发挥公共文化活动群众的主体性方面做了有益的尝试。在 2015 年的动漫节期间，推出利用新媒体技术制作的电子游览地图，采用虚拟三维展现场馆布局、群文活动信息等各类内容，以动画触发的方式引导观众虚拟浏览动漫节的各大主题内容。同时，还开通了"码上智慧博览"，充分运用新媒体的便捷性和大众化，利用每个观众自带的手机边逛边扫码参与互动，推出了便捷的"码上核销""码上点亮""无人码商店"等新媒体文化服务内容。充分调动群众参与文化活动的积极性，参与文化活动的共建共享。

**（二）借助新媒体社交平台，吸引更多年轻人参与群众文化活动**

新媒体技术的出现，为丰富群众文化活动的内容提供了便捷、广阔的平台。时代的进步，丰富了人们的精神文化生活。举例来说，许多媒体开通了资讯收集热线，来鼓励用户去发现、探索身边的人和事物，借此建立媒介与用户间的沟通与平衡。如翔通动漫就是利用移动互联网门户、掌上电视、手机社会网络、电子阅读、手机微博等形式，整合自己的传播资源，使动漫文化以动漫作品的形式来传递，有效利用新媒体的传播阵地，为翔通动漫的文化构筑奠定基石。

互联网的出现，使得人们的精神文化生活选择更趋细化。为适应不同层次群众的需求，群众文化活动的内容也应根据时代的变化不断丰富。动漫作为独特的国际化语言与表达方式，正被越来越多的"90后""00后"喜欢，而这些群体是未来公共文化服务的主体，分析他们的文化需求和爱好，提供他们需要的产品、活动、服务，正是未来公共文化活动创新发展的目标。这个庞大的人群，一方面物质生活富足，衣食无忧，因而把更多精力和追求放在精神文化层面；另一方面，他们自主获得文化内容的路径更多。二次元的动漫游戏文化内容，成为这一代年轻人的普遍追求。

（三）通过新媒体技术革新，探索多元并蓄的活动内容与形式

传统的群众文化活动在互动性与参与性方面较弱，有些活动沿袭旧例，在今天看来，已经不适合人们的社会生活。因此，革新传统群众文化活动，需要在内容上加强时代感，在形式上紧跟新技术、新事物。动漫节国际漫画展在举办四届之后，尝试借助新媒体等手段改变传统的画展模式。通过屏幕投影、全息影像、3D立体画、动态捕捉技术、新媒体互动和绘画艺术相结合，在高清晰的连环巨幅屏和幕墙、地面上，让漫画真正"动"起来。观众通过挥手、眨眼、走动等方式与漫画互动，给观众带来了丰富的体验效果。

（四）做好新媒体日常运营，延展群众文化活动的空间与时间

传统的群众文化活动往往受制于时间和空间的限制。伴随数字媒体技术、网络远程辅助技术的发展，可以为非本地的群众提供远程文化服务，延展了公共文化活动的空间和时间。为了打造永不落幕的动漫节，开通了"两微一网"新媒体服务平台（微博、微信、官网），做好了日常运营。以动漫节官方网站为例，除了动漫节期间开放的"网上游动漫"之外，更注重动漫节之后活动内容的延伸，不仅提供电子商城，还可以创建动漫微博；不仅会发布产业最新走势，还会组织各种文化活动。除了做好官网运营，自2012年动漫节主办方开通官方微博、微信以来，截至2016年，微博关注人数达209484人，发布2906次微博话题，单次微博话题阅读量超百万次；微信共计发布740条内容，单次转发量超万条。

新媒体不仅单指网络平台，手机平台也是其中一员。目前，中国移动、电信、联通都已设立了动漫基地，动漫作品也要开始打入手机平台，获取新的盈利点。据了解，艾乐米动漫公司的原创作品《菊花笑典》也开发了手机客户端，新浪微博《菊花笑典》粉丝量快超过1.3万人，"菊花笑典"在百度相关搜索结果量达到2.15万次，人气热度在猫扑网和新浪微博"微漫画"平台上名列前三名；天津神界漫画公司与移动动漫基地合作的手机漫画《三国演义》，一年内下载量达到近100万次；金鹰卡通制作的《美丽人生》系列手机动画电影，通过该平台转换成手机视频、手

机彩信、手机动漫电子书等多种形式进行运营，下载量达到了 60 万次，这个数字远远超出动漫制作方的预料。这些都是动漫作品谋求新盈利点的方式。

（五）发挥新媒体协同机制，提升大型群众文化活动的组织协调性

按照现代公共文化服务体现的要求，政府和社会各机构之间要按照实际情况划分组织结构，进行内部组织结构的协同工作，为大众搭建起获取信息、提高文化素养的平台，为群众提供更多更好的信息服务。通过新媒体等手段，可以有效提升大型公共文化活动的组织协同性。以动漫节为例，在组织活动过程中需要协同公安、交警、消防、各城区分会场等相关机构。以往常常需要通过开协调会、通气会、现场办公等方式沟通，现在利用新技术和新媒体，通过彩云业务、阿里钉钉等新媒体技术软件，进一步完善现场文化活动指挥协同管理机制、市区两级多方联动机制、紧急情况应急处理机制等一系列工作机制。此外，还采用大数据分析的方法，监控采集博览会场馆人流计数、周边交通情况等数据。综合分析、定期发布出行指数与参观建议，通过"杭州发布""滨江发布"等新媒体广泛传播，提前做好人流的引导和管理。

（六）依靠新媒体强势植入，宣传推广群众文化活动成果

对于群众文化活动来说，在当前形势下，进行强有力的宣传工作是十分有必要的。借助新媒体来开展活动的宣传工作，无疑是更加有效的途径。新媒体具有传播速度快、受众广泛的特点，利用新媒体拓展宣传途径，可以在较短的时间、较大的范围内获得良好的效果。动漫节是一年一度的城市大型公共文化活动，也是卓有成效的公共文化成果的宣传。以 2015 年动漫节为例，共吸引境内外 105 家传统媒体与新媒体 482 名记者集聚杭州，其中新媒体比例高达 60%。人民网、新华网、腾讯、搜狐、乐视、爱奇艺等 25 家网络媒体和新媒体平台相继开设动漫节专题报道。百度搜索 2015 年"杭州国际动漫节"内容超过 369 万条，新浪微博"第十一届中国国际动漫节"话题的阅读量突破 1000 万。动漫节期间，官方微博的阅读量超过 350 万次，官方微信的阅读量超过 3.5 万次，收到用户信息近万条。此外，通过动漫地铁在线广播、浙江新闻 APP、动漫节 APP 客户端等新媒体渠道，直接覆盖人群达 3000 万人次。

## 六、结语

当今新媒体时代，任何作品都需要借助媒体送达到受众。新媒体能够便捷、快速地传递作品。较之于传统媒体，新媒体将信息传播由单向传播变成双向互动式传

播，为受众提供了更多反馈信息的渠道，这使得新媒体作为传递平台，能够与群众进行互动。

　　新媒体的快速发展已成为时代发展的必然趋势。新媒体具有交互性、即时性、海量性、共享性等特点，它能很好地消解不同阶层之间、不同年龄之间、不同话语系统之间及不同文化背景之间的边界，为丰富群众文化活动提供了一个很好的工具和载体。因此，群众文化活动的开展必须坚持与时俱进，抓住新媒体发展的机遇，利用新媒体的资源优势，不断创新群众文化活动的内容与形式，使新媒体成为群众文化活动的新阵地，吸引更多的人参与到群众文化活动中去，更好地满足广大群众的精神文化需求。

# 第八章　新型社区群众文化的开展
## ——以广场舞为例

　　群众文化建设是精神文明建设中的主要内容，群众文化建设同样是社会主义和谐社会建设的必要组成部分。在群众文化建设中，广场舞是较为新颖的建设形式。伴随着广场舞流行程度的不断增加及全民参与性的不断提升，广场舞在群众文化建设中的地位与作用得到了广泛认可。本章将对广场舞在群众文化建设中的地位和作用分别进行分析，在此基础上对如何调整广场舞，增强其在群众文化建设中的地位和作用提出建议。

　　国内群众文化建设受重视程度不断增加，如何更好地进行群众文化建设也成为各级文化部门的主要工作内容。物质文明高速发展背景下精神文明也需要进行同步提升，广场舞在群众文化建设中的地位与作用更是得到了广泛认可。广场舞这一群众文化艺术类型覆盖范围正在不断扩大，影响力不断加深，使其成了群众文化建设与发展中的重要途径。新媒体时代下，广场舞如何在群众文化建设中提高地位和作用并发挥出其建设优势也是一个值得思考的问题。

## 一、广场舞及群众文化建设概述

### （一）内涵

　　广场舞是舞蹈艺术中最庞大的系统，因多在广场聚集而得名，融合自娱性与表演性为一体，以集体舞为主要表演形式，以娱乐身心为主要目的。是一种群众自发组织，参与者多为中老年人，在传统舞蹈的基础上加入大量的现代化元素，以热情欢快的表现形式、以集体舞为主体使公共场所参与者达到锻炼身体、愉悦身心效果的一种舞蹈艺术表演形式。广场舞本身来源于社会生活，其群众性特征极为明显，从本质上来说是一种十分常见的舞蹈形式，广场舞自身不断发展背景下，其对于群众文化建设更是作出了积极贡献。国内当前已经形成了由政府文化机构引导、人民群众广泛参与的群众文化建设浪潮。

由于广场舞多为群众自发组织，参与人数较多，在安全方面需要政府及组织者进行规范性引导，建立长期的安全操作机制，保证广大群众尤其是老年人有序参加，避免出现安全事故。

（二）艺术特征

广场舞的兴起是伴随着近几年国内经济的快速发展而发展起来的，多为自发性组织，舞步相对简单，且动作更换也较少，作为初学者来说不需要花费大量的时间来进行前期的学习，只需根据他人的动作要领，就可以学会。广场舞的艺术形式通常以常见的扭秧歌、扇子舞及一些群众根据电视舞蹈节目自发改编的舞蹈，在艺术形式上较为丰富，在队列形式上也较为丰富，从而满足不同群众的舞蹈要求。在表演形式上也较为灵活，在空地上根据自身的喜好放一段音乐就可以舞动起来，表现的方式较为丰富多彩。

随着城市经济的发展而广泛兴起的广场舞，艺术特征主要体现在节奏欢快，舞步简单，动作变化较少，以较少的时间就能轻松上手，有益于娱乐休闲、益智健脑、修身养性。现阶段，学习广场舞的主体多以中老年人为主，没有固定的时间人员限制，极易普及推广。表演方式也较灵活，艺术形式多样，如健身操、太极、扭秧歌、民族舞、扇子舞等，几乎涵盖了各种舞蹈形式，可以用雅俗共赏、老少皆宜来形容。由于广场舞的参与人数较多，队形的变化也丰富多彩，不受常规的限制，不同的环节满足群众不同层次的需求。此外，广场舞现场感较强，是群众参与性很强的表演形式，观赏者和参与者极易获得精神上的振奋，心理上的幸福感，使得现场十分热闹。

（三）广场舞的发展现状

自中华人民共和国成立以来，文化建设和发展成为党和政府非常关注的内容。在县级以上城市建立了大量的文化广场。广场艺术也越来越受到城市居民的关注和喜爱，随着农村经济的不断发展、广播影视的宣传，广场文化不再局限于城市，而逐渐向农村发展，农村也开始建立了村民活动中心，越来越多的农民热爱并跳起了广场舞。在互联网的进一步推动下，广场舞受益的范围越来越广泛，成为现今社会文化建设的重要内容。

**二、广场舞在群众文化建设中的重要性**

群众文化建设活动由来已久且形式丰富多样，自进入 21 世纪以来，国内民众物质生活水平有了明显提升，广场舞开始出现并迅速蔓延。当前，广场舞已经成了群众文化建设中最为普遍与主要的形式。在城市中，以小区为公共活动区域、公园为地点所进行的广场舞正在如火如荼开展，乡村地区广场舞也成了民众茶余饭后主要的文化娱乐活动。国内民众长期以来存在着群众文化活动明显单一的特点，这一状况也制约了群众文化建设。广场舞这种老少皆宜的集体性文化活动对于民众具有极大吸引力，其当前的普及程度不断提升更是奠定了在群众文化建设中的基础性地位。伴随着群众文化建设与广场舞的受重视程度同步提升，广场舞在群众文化建设中的实际地位也不断增强。国内大部分地区群众文化建设基础设施落后且不具备开展集体性群众文化建设活动的现实条件，广场舞这一形式更是成了群众文化建设活动时的首选。

（一）广场舞是群众文化的载体

广场舞主要是以舞蹈、歌曲、广播等形式表演，节目形式多样，接近实际生活，内涵丰富而多彩，它的发展承载了文化建设的重要责任，它的存在为群众文化搭建了交流的平台，同时，为群众丰富精神文化生活提供了宝贵的场地。基于此，整合群众的艺术创新能力、热情、艺术思维，有利于形成独特的艺术理解和文化感受，因而促进文化交流机制的建设，提升文化素养，推动文化建设的长久发展。

（二）广场舞反映时代的精神

现代社会，由于人民生活水平的提高，审美需求日益提升，单一内容和形式的广场文化不再适应社会文化的发展要求，群众要求思想与艺术的结合、样式新颖的节目。广场舞之所以长期深受广大群众的青睐，在于它较好地反映群众文化的时代旋律，体现了人民对高生活质量的追求，对现今生活幸福感的认同，反映社会发展关注的焦点，突出时代精神的引领作用。

中国著名青年舞蹈家饶子龙在 2015 年发行的最新单曲《舞功秘籍》，引发关注，极具影响力，他为歌曲创编的舞蹈同时也成为众多广场舞爱好者们学习的大热"神曲"。《舞功秘籍》频传捷报，再创网络收听新高，饶子龙人气高涨，能歌善舞，多才多艺，成为粉丝心目中的"男神典范"。此后，饶子龙正式携手馨然广场舞，共同推动大众广场舞新文化，目的就是要创作出更加健康、更具艺术性的舞蹈，让喜爱广场舞的朋友们能够跳得开心、舞得美丽。饶子龙在采访中表示同馨然广场舞合作非常开心，自己会定期推出新的舞蹈，将以非常迅速、便捷的新媒体方式传播给大家，并且会抽出时间去全国各地与舞迷们见面，一同分享舞蹈的快乐。饶子龙坦言广场舞正在步入改革期，不但要改善社会形象，同时要注重广场舞的本质，舞蹈不能乱跳，专业化非常重要。健康因素、艺术美感，这些都是广场舞需要加大力度去改善的。饶子龙表示希望能够通过更多的媒体渠道传播有益于大众的舞蹈，慢慢地改变有些人对广场舞根深蒂固的负面印象，打造新的广场舞文化，让中国的大众运动更时尚、更健康，更多的人能够加入其中。

（三）广场舞是推动群众文化繁荣发展的关键途径

作为一种雅俗共赏的民间艺术形式，舞蹈很早便得到了百姓的普遍认可和赞同，它与人们的生产生活有着密切的联系。近年来，随着人们生活水平的持续提高，广场舞作为民间舞蹈的延伸应时代发展而生，日益抢占了人们的业余生活，它逐渐成为群众文化生活不可或缺的重要组成部分，并日益被定义为推动群众文化繁荣发展的关键途径。广场舞除了继承中国传统舞蹈精髓，同时也渗入了一些现代舞蹈元素，例如拉丁舞步、欧洲宫廷舞步等。鉴于此，广场舞以其独特的舞蹈韵味被群众广为传播，它通过调动民众舞蹈积极性，增进民众对舞蹈的学习，提高其舞蹈欣赏水平等途径极大发展了群众文化，促使群众文化繁荣、蓬勃。因此，广场舞是推动群众文化繁荣发展的关键途径。

（四）广场舞在促进社区文化建设中推动群众文化发展

从本源上来看，广场舞作为一种群众舞蹈，它是多元性、多层性、融化性、提高性、雅俗合一性等各种特征的集合体，同时具有健身、美育、娱乐、自我价值实现等多项社会功能，是社区文化建设中一项关键性的内容。广场舞作为群众文化的重要表现形式之一，一旦得到广泛普及，其影响力是空前的。广场舞使舞蹈艺术走下神坛，走近城市社区，走近普通民众的日常生活，这不但增强了民众的文化素养、丰富了其精神文化生活，也让群众的业余生活变得有趣多彩。

**三、广场舞对群众文化的作用分析**

首先，广场舞大大丰富了群众文化建设活动，这也直接加速了群众文化建设速度。以往群众文化建设手段极为单一与匮乏，广场舞这一参与度极高的文化活动类型则极大丰富了群众文化建设活动体系，也直接加速了群众文化建设进程。

其次，广场舞有利于群众文化建设向纵深发展。广场舞已经成为了风靡全国的群众活动，在国内群众文化建设体系中地位的不断提升更是增强了其对于群众文化建设的积极影响。广场舞当前实际覆盖率已经基本达到了阈值，其对于群众文化建设的影响也逐渐转变为纵深影响。由于广场舞的广泛开展，人民群众文化建设的方方面面都受到了影响，其对于人民大众思想意识层面产生的影响十分显著与明显。广场舞背景下有利于良好的群众文化建设氛围形成，这对于群众文化建设的积极作用无可估量。

广场舞在群众文化建设中不仅具有重要地位，更是具有举足轻重的重要作用。具体来说，广场舞在群众文化建设中的作用主要体现在以下几个方面。

（一）丰富了群众文化生活

广场舞盛行之前，看书读报、下棋、打牌、搓麻将等这些单一的业余生活成为主流，随着广场舞的出现，人们的业余生活逐渐丰富起来，广场舞的发展促进了流行音乐的传播，传承了中华的传统文化与文明。由于生活节奏的加快，当前人们学习、生活压力较大，缺乏相互之间交流，心理问题较严重。通过参加广场舞，利用音乐和舞蹈分散了注意力，排解了生活压力，更利于个人的身心健康发展。除了上班族以外，对于少儿、老年人而言，通过跳广场舞强身健体，陶冶情操，这种积极向上的情绪不仅愉悦了自己，还感染了家人，从而有利于家庭和睦、稳定。

（二）提高审美观念

舞蹈的根本就是给人以美的感受，经常跳广场舞，不仅给参与者美的感受，还舒展了筋骨，锻炼了身体各个部位，体型在健美中得以塑造，身体的平衡感得到很大提升。无论是欣赏者还是参与者，长时间的参与会对音律和舞步有更深的理解，审美观念自然而然提升到新的高度，审美的情操也逐渐培养起来。

（三）传递中国梦的正能量

在实现中国梦的过程中，如何引导群众积极参与到其中建设，这需要政府不断净化社会环境，积极传播社会正能量，使全社会形成一种和谐的文化氛围，而广场舞则让人们具体实践了文化参与的过程。广场舞由于是群众自发性组织，这为群众之间的相互交流搭建了一个公共平台，交流各自在参与过程中的感受，潜移默化中人们的思想道德观念得到改变，情感得到升华。广场舞作为当代文化建设的重要组成部分，承担着为人们提供文化服务的职能，这种寓教于乐的健康生活方式，引领了人民群众对文明社会的向往，提升了整个社会文明程度，使得广场舞这种简单的舞蹈形式让人们有了对美好生活的向往，培养了整个社会民族信心，增强了社会凝聚力，更好地构建社会主义和谐社会。

（四）提升城乡的文化层次和品位

广场舞近几年在我国各地不断兴起，已成为展示各地方文化与精神文明建设的主要窗口，是丰富城乡人民群众文化生活的重要组成部分。广场舞的发展使人们改变了对舞蹈的看法，平常百姓随时可以根据自身的兴趣参与其中，使每个人都有在舞台上表现自己的机会，增加了人民群众的自觉参与性。广场舞使那些不同年龄段、不同层次及不同职业的人聚集在一起，提供相互交流与学习的平台，借鉴各自的优势，学习新的舞蹈形式。这种简单易学的方式，也带动了那些平时不怎么爱活动的人群，丰富了他们的业余生活。通过这种方式使更多的人都能参与进来，整个城市呈现出积极向上的文化氛围。通过广场舞使每个人的才艺得到展示，身体与心理上得到满足，情绪得到释放，使人们有一个积极的心态去面对生活。广场舞蹈的兴起促使人们追求更高的精神文化生活，在这一过程中学会了如何去欣赏舞蹈的作品，增强了对艺术作品的鉴赏能力，使人们的整体文化艺术水平得到提高。广场舞的兴起对于缩短城乡之间的文化差距，促进农村文化水平起到了积极的作用，同时对于提高整个城市的文化品位也起到了一定的促进作用，树立了整个城市良好的形象。

（五）促进和谐群众文化的构建

从广场舞的艺术特征可以看出，广场舞是促进群众相互了解、相互沟通与关爱的润滑剂，从根本上服务于群众，作用于群众。一方面，它以积极向上的内容，对时代主旋律进行弘扬，呈现给群众；另一方面，它能够催人奋进，通过社会教化的功能，影响群众的价值观念、行为作风、道德理念，有利于树立城市良好形象，是展现城乡文化特色的个性化窗口。从长期来看，全民参与广场舞凝聚人心、团结力量，起到了潜移默化的教育效果，为构建和谐、稳定的社会奠定了坚实的基础。

我国广场舞多以强身健体和自我娱乐为主要目的，不会受到场地、服装和时间的限制。经常跳广场舞还可以让人感到身心愉悦，因为是集体活动，所以在跳舞的同时会认识更多的新朋友，促进人际交往能力的提升。另外广场舞一般采用的音乐是大家耳熟能详的流行歌曲，采用的舞步也是大众化的社交舞步，整体风格大方得体，非常符合大众对于精神文化的需求。另外，广场舞也会实时更新，每一个参与者在学习新舞步的同时，就是融合自身情感的一个过程，学习后可以达成相互感染和教育的作用。学习者在学习过程中不仅可以学到新的舞步，同时能够增进彼此的感情，促进和谐社会的进一步发展。

### 四、广场舞发展的制约因素

广场舞在民间人气急剧增长，开始发展成为一种社会现象，广为传播。而围绕广场舞展开的讨论也越来越多，如何寻找健身与噪声扰民的平衡点，更是受到很多人的关注。城市中的公共空间资源有限，不同群体有不同的诉求，如学生要学习、居民要安静、老年人想健康和适当地娱乐与社交等。这些诉求单独来看都是合理的，但集中到一个公共空间，就会不断引发群体间的冲突。公共空间不是哪一个人的空间，也不是哪一类人的空间，它是整个城市的公共空间。城市公共空间的公共性需要全体公民有公共空间的意识，共同自觉维护好这样的公共空间资源是每个公民的基本素养。广场舞是群众自发的文化现象，因此其发展存在一些实际困难和问题。

#### （一）广场舞召集人的素质问题

当前，广场舞受到我国很多市民的喜欢，是一种十分平民化的运动，广场舞的规模逐渐增大，人员也越来越多，其召集人及领头人的影响力也越来越大，因此召集人的素质对整个广场舞队伍的素质都有很大影响。当前，广场舞的召集人及领头人的素质参差不齐，有的召集人本着积极宣传社会正能量、引导群众丰富精神文化生活的目的，但有的召集人则将广场舞当作宣泄不满情绪的一个平台。随着市民对广场舞的认可及喜爱程度逐渐增加，广场舞人员的规模逐渐增大，从某种程度上说，广场舞召集人的素质成为影响社会稳定和谐的一个重要因素，因此需要加强召集人的素质培训，以便对市民进行积极、正确的引导。

#### （二）广场舞扰民问题

广场舞的兴起及发展，对丰富人们的文化生活有十分重要的意义，但广场舞的规模越来越大，其发展过程中产生的各种噪声污染也越来越严重，对周围群众的生活带来严重的干扰。从当前媒体反映的情况来看，广场舞的发展与周围群众之间的矛盾变得越来越严重。广场舞的集体活动特点决定了其性质的公共性，会占用各种公共空间，然而广场这种公共空间的所有人是全体群众，因此在广场舞发展的过程中，出现了比较严重的占用场地及扰民的现象，使得群众的生活质量受到很大影响。

#### （三）广场舞场地不足的问题

广场舞的规模越来越大，对场地的需求也越来越大，由于当前公共文化活动建设过程中场地比较缺乏，很多广场舞活动大都在居民小区周边的空旷场地进行。小区规划建设的过程中并没有将广场舞的场地规划在内，广场舞活动场地规划总是滞后于市民的需要，因此出现了群众占用公共场地的情况。随着城市广场舞的兴起和发展，原有的场地已经不能满足人们的需求，甚至会出现抢占场地引发争议的现象，对社会的和谐稳定带来了很大的负面影响。

**五、新媒体时代下如何增强广场舞在群众文化建设中的地位**

广场舞作为群众自发组织形成的舞蹈，不仅仅是一种简单的文化现象，更是值得全社会思考的社会现象。从另一个角度来说，广场舞在各地的不断兴起，更反映了当地社会文明程度和人民群众对精神文化的追求，尤其在大力推进"文化旅游名城建设"和"敦煌文博会"召开的当下，健康向上的群众文化活动，尤其是广场舞成为大多数老百姓茶余饭后健身娱乐的首选，因此，政府及文化部门，应积极组织、引导，使广场舞朝着更加有组织的方向发展，只有这样，广场舞才能更加有序发展，参与程度才会越来越高。

（一）规范广场舞开展

规范广场舞开展可以显著增强其在群众文化建设中的地位与作用，并使得广场舞对于群众文化建设的积极影响逐渐扩大。近年来关于广场舞扰民甚至引发系列矛盾的报道屡见不鲜，这也表明广场舞这一文化娱乐活动有待规范，部分地区不规范的广场舞开展不仅无法对群众文化建设作出贡献，甚至会导致很多层出不穷的问题。因此，规范广场舞开展势在必行，而地方文化机构也应当对其区域内广场舞的规范事宜进行规划与指导。广场舞本身是一项产生于人民群众中的文化娱乐活动，对于广场舞开展进行的规范与引导应当控制好具体的"度"，避免过度干扰从而影响广场舞活动开展的活力。从具体做法上来看，地方性文化机构需要依托现有大型公共娱乐空间进行广场舞开展，对于广场舞开展的时间、地点等进行详细要求，使得广场舞这一集体性活动不会影响到他人正常生活。广场舞开展更需要组织者与领导者，地方文化局可以考虑对广场舞实际组织者与领导者进行培训，从而使得其能够对广场舞开展进行更好的规范与指导。

例如，在国家体育总局举行的 2015 年全国广场健身操舞活动发布会上，主办方宣布，在全国推出由专家创编、适合不同人群、编排科学合理、群众简单易学的 12 套广场健身操舞优秀作品，并对其进行推广和培训。"从公园跳到广场，从广场跳到春晚，从国内跳到国外，从小孩子到老年人，广场健身操舞已经成为全民最为普及的健身活动之一。"国家体育总局宣传司副司长温文在发布会上如是说。主办方介绍，同时在全国范围征集由群众原创的广场健身操舞，另外还会举办全国性广场健身操舞展演活动。像《小苹果》《最炫民族风》等广场舞曲，今后将不再是一个社区一个跳法，而会有全国统一、编排科学、带给人正能量的全新动作。

### （二）创新广场舞艺术形式

创新广场舞艺术形式同时也是增强其在群众文化建设中地位与作用的可选途径。当前曲目依然较少且缺乏创新的广场舞艺术表现形式，对于其群众文化建设产生不利影响。创新广场舞艺术形式需要得到重视并明确出创新主体进行创新事宜。地方性文化机构可以考虑定期举办广场舞会演等活动，鼓励广场舞表演者积极参加活动，从而促进广场舞表演形式在区域内部的传播，使得优秀广场舞作品能够更为广泛地流传。此外，地方性文化机构也可以依托专业舞蹈人才进行广场舞创新，从曲目选择及舞蹈动作编排两个层面进行创新，在创新广场舞艺术形式上结合实际参与者年龄、性别构成等进行动作调整。创新广场舞艺术形式同时也需要充分调动人民群众积极性。人民群众长时间参加广场舞活动，因此更容易对广场舞的实际形式进行丰富与创新，而这一进程中，地方文化机构给予一定引导也将有利于更为多元的广场舞创新形式的产生。

广场舞蹈是在原生态舞蹈的基础上加以整理、有所创新，广泛借鉴各种舞蹈形式，可谓千姿百态。王荣发在《浅析广场舞的发展及定位》一文中明确指出，广场舞者特别是中老年朋友，对民族民间舞蹈比较青睐，特别是秧歌、蒙古族舞蹈、藏族舞蹈等。正如隆荫培在《舞蹈艺术概论》一书中对舞蹈的分类指出的那样："根据舞蹈的作用和目的来划分，舞蹈可分为生活舞蹈和艺术舞蹈两大类。按实质来看，所谓生活舞蹈是为自己的生活需要而跳的舞蹈，艺术舞蹈则是为了表演给别人观赏而跳的舞蹈。"同样，德国艺术史学家格罗塞在《艺术的起源》一书中写道："最激烈而又直接地体验到舞蹈的快感的自然是舞蹈者自己。但是充溢于舞蹈者之间的快感，也同样地可以拓展到观众，而且观众能更进一步享有舞蹈者所不能享有的快乐。"这同样说明一个事实：舞蹈种类没有高下之分、卑劣之别，本质都是相同的，只是专业舞者与业余舞者的区别而已。他们同样属于舞蹈艺术大家庭的一员，相互沟通、相互交流、相辅相成，才能让舞蹈艺术散发迷人的魅力。

### （三）充分发挥政府职能部门的引导作用

各级政府相关部门应提高对广场舞这一广场文化活动项目的重视程度，认真履行政府职能，推进广场舞健康发展。文化部门作为指导单位，要加强对广场舞类型、特征等研究，积极做好引导。体育部门要将广场舞作为群众健身性体育项目纳入整体工作规划，大力加以扶持。规划部门要在新建社区、住宅集中区留有空间，为广场舞提供场地。建设部门要搞好绿化和场地建设，搭建好舞台，创造美好环境。并且利用自身的优势，积极宣传，让不同的群众都能参与进来。定期组织各类形式多样的舞蹈大赛等文化活动，让人们在活动中习得到成熟、陶冶情操、提高思想素质与文化水平，使广场舞更加吸引人民群众参与进来。

例如，广东原省委书记汪洋在广东省文化改革发展工作会议上曾指出："进一步推进文化强省建设必须坚持以人为本，充分发挥人民群众在文化建设中的主体作用，切实提高公共文化服务水平和文化精品创作生产能力。要不断扩大群众活动的覆盖面，扩大文化公共服务，鼓励和引导创作群众喜闻乐见的文化精品，最大限度地调动人民群众参与文化建设的积极性和主动性，让人民群众在文化建设中当主角、唱大戏，真正做到群众关心文化、参与文化、享受文化，真正做到文化发展为了人民、文化发展依靠人民、文化发展成果由人民共享。"而推广广场舞是实现这个目标最有效的举措。广场舞是现代城市群众文化、娱乐发展的产物，兼具文化性和社会性。它是城市社区完善的象征，也是我国社会主义所有制下群众生活幸福指数提高与精神文明建设的重要表现。近年来，广东省出台一系列文化建设和改革的举措给各地提供了有益的启示：广东省文化部门将广场舞列入民生项目，并预计构建排舞大省，将肇庆市作为广场舞推广、支持的试点，举办排舞培训班，召开全省排舞推广现场交流会。由文化部门牵头，成立有组织的广场舞队伍，加强了队伍的管理，把广场舞建设为有组织领导的群众团体，有力地支持和推动了当地群众文化、健身活动的发展。

**（四）通过网络线上线下的传播互动，扩大宣传效果**

在推动广场舞以更多形式开展的同时，拓宽相应的宣传方式也是必不可少的，相较于传统媒体，新媒体也仅仅是一种传播工具，在开展广场舞文化工作中，应通过新媒体技术的运用，增加新闻的可视性，吸引更多群众加入广场舞。宣传工作现在已经成为广场舞活动的一个重要因素，对于广场舞文化工作，进行大力有效的宣传显得十分必要。新媒体传播的特点就是受众广、传播快，借助新媒体技术开展广场舞的宣传，如建立官方网站、官方微博、官方微信公众平台等，可以获得较强的宣传效果。扩大广场舞在群众当中的影响力，使更多的群众知道如何去参与，吸引全社会关注及相关文化部门重视，让全社会形成自觉有效的发展态势，达到促进广场舞健康发展的目的。

广场舞作为一项群众性的文娱活动和健身运动，其所表达的"文化建设人人参与，文化发展成果人人共享"和"全民健身"有机结合的宗旨和理念更是获得了广大群众的拥护，其本身已经具备特有的模式和规范，应获得政府的鼓舞和推广。例如，广东省肇庆市的推广和试点将为这一群众文化、健身活动的完善、优化提供更多助益，为国民素质的提高、基层文化建设探索提供更多的经验和路子。就爱广场舞 APP 是中国最大的广场舞爱好者在线社群，累计覆盖用户达数百万。就爱广场舞搭建起了专业舞者和大众舞蹈爱好者之间的沟通桥梁，也受到了数以万计的广场舞爱好者的追捧和欢迎。就爱广场舞为用户提供海量舞蹈视频，如：精品课堂教学，舞友交流，就爱福利，线上活动，线下赛事、培训等，让大众广场舞爱好者找到了心灵的归属感和兴趣的乐园。目前，就爱广场舞线上注册用户数正在快速攀升当中，就爱广场舞已然成为中国广场舞爱好者兴趣社交的首要平台。

（五）利用网络传递地域性特色

想要广场舞活动进行顺利，就应该紧紧地利用新技术，增加文化工作的时代感，不但在内容上与时俱进，在形式上也要有所突破。广场舞者可将舞蹈视频拍摄并上传至网络，可以利用连接互联网，在网上交流不同地域所独有的广场舞特点；也可以比赛的形式，通过微博、微信等新媒体技术来发起投票活动，即可就活动内容进行投票，带领中老年人走近新媒体、走近"互联网＋"，评比出最优奖项。通过这种方式增强老年人学习新媒体的兴趣和信心，并希望以此来传递敬老、爱老的传统风尚。

（六）提升群众的公德意识和自控意识

随着社会发展，人们的权益意识也有了很大的改善，但是人们的责任意识还有待提高。责任意识的建立，是一个人遵守社会公德的重要表现。在现代社会中，人们的权益得到了更多的丰富和完善，所以在行使自己权利的过程中也应该要加强完成自己应该遵循的义务。广场舞是社会发展过程中形成的一项群众文化活动，对人们的身心健康有重要的意义，在享受广场舞带来的好处的同时，参与到广场舞活动中的群众也应该要意识到自身的行为对社会的影响，从而不断提升自身的公德意识及自控意识，防止在活动中对他人的生活造成影响。

六、结语

广场舞是现代城市群众文化、娱乐发展的产物，兼具文化性和社会性。它是城市社区完善的象征，也是我国社会主义所有制下群众生活幸福指数与精神文明建设的重要表现。近年来，广东省出台的一系列文化建设和改革的举措，给各地提供了有益的启示。广场舞作为一项群众性的文娱活动和健身运动，其所表达的"文化建设人人参与，文化发展成果人人共享"和"全民健身"有机结合的宗旨和理念更是获得了广大群众的拥护，其本身已经具备特有的模式和规范，应获得政府的鼓舞和推广。广义上说，任何一种在广场上展示的大众群体参与的表演样式都可称之为"广场舞"。在民政有关部门的重视倡导下，在业务部门的组织规范下，广场舞正朝着越来越健康、良性的方向发展，为广大参与民众带来身心娱乐的同时，也充分彰显了一座城市悠久的历史文化与青春朝气、富有活力的现代魅力。了解这座城市的幸福指数，去看看广场上正在舞蹈的群体，他们正在真实地流露与诉说。

广场舞对于群众文化建设有极为明显的促进作用，但是当前广场舞活动在开展中存在的系列问题需要得到充分重视并给予针对性解决。广场舞在人民群众内部已经成为主要的娱乐活动，地方文化局更是要承担起群众文化建设及广场舞引导的责任。群众文化建设目标取得不可能一蹴而就，以广场舞为中心，开展形式多样的群众文化建设活动也是群众文化建设可取途径。

广场舞作为当今丰富人民群众业余健康生活的有效形式，有其自身特有的艺术特征和文化形式。广场舞的进一步发展无论是在丰富人民群众业余生活方式上还是在加快我国基层文化建设上都起到了积极的推动作用。当然，广场舞在不断发展的同时，更需要政府文化部门的有效引导，使广场舞更加规范化，进而得到进一步的发展与推广，促进基层群众文化建设，推动和谐社会健康发展。在信息化的时代，结合新媒体的特点和群众文化工作的特点，充分发挥新媒体的作用，对于冲破群众工作的限制、拓宽受众面、扩大影响力上都有极大的意义。新媒体作为群众文化工作的一部分，已经从为提高公众科学文化素养的科普，逐渐转成为了支撑科学技术本身发展的需要，从单向地向社会公众传播新知识、新发现和新技术到社会公众的双向互动。新媒体时代，为群众文化工作提供了全新的方式和平台。

# 第九章　新媒体时代的群众文化
## ——以春节为例

在新媒体时代，春节文化的仪式感和情感内核虽然还在延续，但已经被打上数字化烙印。借助于新媒体，春节文化被注入了新的内涵和新的元素，并且以一种迅速流行的方式融入人们的生活当中。本章以春节文化内涵为切入点，分析新媒体体系对春节文化的影响。

媒体技术本身也是一种文化体系，新的媒体技术在深受文化环境影响的同时，也冲击着社会结构和文化系统。新的媒体技术的应用有利于加强人们新近形成的日常礼节和习俗，为人们重建认同感提供新的素材。微博、微信等新媒体改变着人们的生活习惯和认知思维，也为春节注入了新的内涵、新的元素。总之新的年俗文化将通过新媒体继续给人们带来快乐。

## 一、传统春节红包的文化特征

"春节"是中国的传统节日，旨在辞旧迎新，既包含庆典、回报，同时还有祝福与避邪之意。春节红包反映了中国人喜欢礼尚往来的一种交往方式，表达了人们对和谐相处的美好期待。春节红包沿袭至今，具有丰富的象征意义：一是表达长辈对晚辈的一种关爱，压岁钱含有平安吉祥的寓意；二是压岁钱具有实际的金钱价值，可以充当货币进行购买行为。拜年时，经常会听到长辈说"孩子，拿着压岁钱去买文具，在学校好好学习"等话语，这些实质性的物质给予，一定程度上可以满足孩子的购买欲望；三是具有奖励意义，春节期间，领导会给职工发红包作为年终奖，表达对职员们一年辛苦工作的感谢和奖励，以期来年继续努力。

另外，在传统红包收受仪式中还有一个重要环节：晚辈要向长辈磕头祝福，这一活动体现了传统封建家庭的等级秩序和伦理观念。首先是晚辈对长辈进行新年问候，寓意"尊长"之意，其次才是长辈对晚辈的关爱，表现"爱幼"之情。可以说，传统春节红包习俗正是维系家族团结友爱的重要纽带。

## 二、春节里的群众文化内涵

中国人过春节已有 4000 多年的历史了。历经数千年而形成的文化习惯，不仅是一种热闹和总结，更有博大的精深和内涵，"春节是传统美德教化和规范的大课堂"。我们在进行创造性发展的同时，也应恢复历史记忆，留存古老传统，挖掘其厚重的传统内涵。

### （一）春节体现了中华民族感恩和敬老文化

习近平总书记强调："有一颗感恩的心很重要，所有的人都要有感恩的心。"中国也有古训，"滴水之恩当以涌泉相报"。我们历来就是一个注重感恩、善于感恩的国度。感恩，可以让自我胸怀更为轻松坦荡，可以让人际关系更加和谐圆润。所以，春节来了，应该对帮助过我们的亲朋好友、长辈亲戚、陌生路人，说出心中的感恩和感谢，对养育我们的长辈，表达浓郁的敬意。当然，"君子之交淡如水"，感恩不一定非要有贵重的礼品，感恩在于心灵的丰盈、情感的丰富，记住对方的好，就是给对方最好的感恩礼品。让友情亲情在感恩中升华，为来年积累和谐的人际关系打好坚实的基础。

### （二）春节是一曲家庭团圆、邻里和睦、社会和谐的民族情歌

春节从除夕夜的拜年到正月十五元宵节的狂欢，这十多天的节庆活动丰富多彩，人们在阖家团圆、走亲访友的过程中，细细品味浓厚的亲情、甜蜜的爱情、朴实的乡情、纯真的友情及厚重的民族之情。除夕夜虽然短暂，但作为春节最为重要的环节之一，辞旧迎新的意义也只有在家家户户美满团圆、大口吃着年夜饭的时候才能最充分体现出来。春节的庆祝范围从家庭到家族再到社会，举国同庆的欢声笑语传播到了中华大地的每一个角落。

"穿越千山万水，只为了年终的那一个团圆"，一个小小的亲人之间的团圆，相顾无语，而仅仅是四目相对，一年来所有的酸甜苦辣、委屈失败，顿时减少了很多。在团圆的氛围中，我们推心置腹、互相商讨、诉求苦恼、解决困难、谋划未来。在精神上完成和衷共济的连接，在情绪上完成吐故纳新的梳理，做好宏大叙事与具体而微的激情交流、默契交流，才不会因为力量不济而心生孤独、心有倦怠，以崭新而饱满的姿态迎接来年的挑战和工作。家庭有了团圆会更加和谐幸福，国家有了团圆会生出无穷的民族认同感、发展认同感，中国气质会更优雅，中国力量会更强健。

**（三）春节蕴含的家国同构的中国文化，有力地推动着世界和平**

春节作为一种传统的节庆文化，是中华民族从古传承至今的家国同构的家国文化。每一个家庭的美满团圆，都将促进整个国家的和谐安定，中华民族最为可贵的精神品质、道德观念、价值取向、审美追求等，都在这红红火火的节庆活动中得到充分的体现。首先，以家庭为核心的亲人团圆，体现了中华民族传统的孝悌之道。无论是高官俸禄集于一身的成功人士，还是在外辛苦劳动、平凡的普通百姓，孝敬父母是回家过年的首要目的。其次，在阖家团圆的基础上举国同庆中华民族的伟大节日，使无数亲密的小家组成和谐的大国，家国一体，幸福美满，有力地促进了世界和平。

**（四）春节激活了华人的休养生息，激情狂欢**

春节最大限度激活了华人的青春活力，尤其是元宵狂欢夜，各种各样的文艺活动让所有人迸发了热情和活力，智慧与创造力。如各地的庙会、社火、腰鼓、武术、民间音乐、曲艺等。春节文化活动不是简单的恢复传统，而是具有创新性、时代性、甚至包容吸纳了大量有价值的外来文化，使春节的文化活动更加绚丽多彩。

中华民族是一个富于想象力、浪漫思维的民族。所以，忙碌一年后，人们都希望有一个"狂欢而浪漫的总结"：花灯高照，狂歌劲舞，大街小巷各种文化节目，耍狮子、踩高跷、玩旱船等，在意气风发，大汗淋漓的参与表演中，让心情更加舒畅，也将富有浪漫思维的年文化推向了高潮。当下，应尽可能创造条件，再造春节文化传统，恢复古老的文化习俗，让年文化狂欢起来、激情起来，让中国梦早日实现。

在开展春节各项节庆活动中，政府应利用积极健康、热情奔放的娱乐活动，使群众能够陶冶性情、提高素质、提升对政府的认同感、缓解矛盾，以此构建和谐社会。

**三、新媒体为支持体系的新年俗**

**（一）新媒体支持体系**

春节作为我国百姓生活中最重要的节日，在长期的历史发展中，形成了许多形式丰富的较为固定的年俗。民俗是生活文化，不是典籍文化，生活文化的典型特征是随着生活方式和形态的变化而增减形式，产生变异。所以，年俗一方面具有模式化、传承性，另一方面具有变异性、时代性。当新的历史时代到来，新的技术条件成熟，新的生活方式养成，自然就产生了新的年俗。新媒体时代产生的新年俗，首推短信拜年，其次是借助网络、视听媒介的各种春节主题的联欢晚会，以及视听手段丰富的微信、微博、视频拜年。这些新年俗急速兴盛，传播影响力大，正是源于人们对于传统节日的礼敬，源于现代生产方式下的人类社会的交往需求、情感表达。

传统媒体利用新媒体来谋求自身发展是近年来研究的热点问题，而"摇微信"则始于 2014 年，对其做详细的分析，有助于对其有更进一步的了解，也有助于电视媒体的发展。

（二）新技术对春节文化符号的创新

时代在变迁，文明在发展，春节的文化符号也在流变。门神、桃符、春联、年画、窗花"福"字、生肖、灯笼、爆竹等构成的传统春节文化符号，在高楼林立的城市社会或被遗忘或被新的元素代替。

以数字技术为基础的新媒体技术，在不同程度上对传统春节文化符号的工艺、材质、形式等方面进行改变，电子鞭炮、电子春联、电子红包、微信拜年等新的数字符号，为当下的春节打下了时代的印记。有着浓厚文化底蕴的传统春节文化符号，正在成为数字时代的文化记忆。这些新的春节文化符号的注入，虽然在一定程度上降低了年味，但新媒体上讨论春节共同话题的人数却在增加。正如有学者认为，数字时代年味未必淡，只是我们的感觉变了。民俗是随着时代的变化而不断变迁的，如果僵化不变就不符合民俗发展规律。新技术创造出一种传统文化与现代文化高度交融的氛围，使得传统文化更富有包容性和参与性，体现了文化与技术的相互影响。例如传统的新年红包寓意迎新辟邪、吉祥如意、财源广进，有在农历新年讨个好彩头之意。电子红包的出现，则增加了更多的娱乐色彩和情感意蕴。

（三）从电视媒介仪式向移动新媒体仪式转变

作为中国法定传统节日之一的春节，是中华民族的精神日历，它由祭祖、拜年、迎新等一系列仪式组成，这些作为传播现象的仪式，承载着春节的传统精神信仰。在传统仪式的演化和传播中，国家作为一种符号在场，成为塑造民间仪式的力量，从而实现对民间仪式的征用。

与传统媒体不同，新媒体反映了文化发展的后现代趋势，使整个文化生态表现出开放性和多元化特征。媒体时代的个体更加彰显自我和个性化，既有着离散性，也有着去中心化色彩。这种文化生态使得原有的电视媒介仪式不断受到冲击。

2011 年，为适应互联网的发展趋势，中国网络电视台举办了首届 CCTV 网络春

晚，录制的六场晚会以"亿万网民大联欢　全球华人大拜年"为总主题，由"点击
幸福""下载快乐""上传创意""共享奋斗""登录未来"等分主题组成，普通群众
和网友成为晚会真正的主角，许多由草根创作的反映百姓心声的原创节目，被原汁
原味地搬上了舞台，现场观众和全球华人网友通过网络视频连线、微博墙、九宫格
日记等时尚、新颖的晚会互动方式，加入到了网络春晚的大聚会中。同时，晚会通
过中国网络电视台多终端平台，向全球网友进行了传播，得到了观众和网友的一致
好评，认为央视网络春晚成为百姓的真正舞台，"让草根上了镜，让网民过了瘾，让
观众忘了情"。网络春晚以独具一格的内容为网络娱乐和电视综艺之间架起了一道沟
通的桥梁，构成了新媒体时代一道更加别致靓丽的文化风景。

（四）除夕期间，微信的兴起历程

2014 年 6 月 29 日，湖北卫视在全国率先尝试微信"摇一摇"，这种最新电视互
动模式，出现于其播出的明星恋爱秀节目《如果爱》中，观众只要通过手机打开微
信，运用微信"摇一摇"功能，点击进入歌曲，就能够识别自己收看的节目，还可
以加入互动环节。如果答对互动页面上提出的问题，就有机会通过抽奖环节获得奖
品。可以说湖北卫视与微信联手推出的微信"摇一摇"这一互动模式，开创了电视
互动的新纪元，引发其他电视台纷纷效仿的局面。

2015 年除夕期间，微信团队与央视为代表的多家电视台合作，通过"摇一摇"
的形式，为观众提供了抢红包、明星拜年、上传全家福、实时节目单等各种互动性
服务。微信官方的数据显示，羊年央视春节晚会期间，仅微信总量就达到 110 亿次，
总金额甚至高达 5 亿元，其峰值达到每分钟 8.1 亿次。北京卫视春节晚会期间也产
生了 2.19 亿元的打车红包，微信页面互动达到 1.1 亿次。如今，各地方电视台已经
逐渐接纳了这种与观众互动的新形势，并各自在自己的节目中开始了尝试。而其建
构的数字虚拟世界的这一繁忙形态，仅仅只是冰山一角。

**四、新媒体对春节的影响**

以新媒体的代表微信来说，微信红包进入人们视野的时间并不长，可是却发生
了病毒式的传播效果，如今，每逢节日发微信红包已经成了一种潮流、一种用户习
惯，并逐步发展成为一种新的文化现象，这种全新的用户习惯对人们的生活方式产
生了很大的影响。据报道，2016 年春节期间，全国有近 30 家权威媒体加入微信发
红包的浪潮，读者可以边看报纸边扫红包，63 个电视节目在春节期间推出微信摇红
包环节，另外有 30 万家线下商店，发起扫年货、摇惊喜活动，在此期间共计送出 1

亿元的现金红包。往年大家过春节还都在认真看春晚，而 2016 年的除夕夜不仅要吃饺子、看春晚，抢红包、发红包也已经成了现在人过年的"特殊节目"。

现如今春节最火的话题不是年夜饭，也不是春晚，而是抢红包。对此，抢红包"大战"引发的争议，褒贬不一。

（一）微信红包冲淡年味儿

1. 抢了春节的"戏"

与商家的"撒红包如土"相比，群众的热情更是有过之而无不及。在寻常百姓家，"摇一摇""咻一咻""抢红包"的吸睛度，远远盖过了春节联欢晚会的小品、歌舞等节目。与之前的传统春节晚会，全家人一起坐在电视前看节目的情景相比，少了许多共同的娱乐项目。

随之而来，抢红包也成功地抢了春节的"戏"。这些新时代的产物只适合年轻人娱乐，年轻人聚在一起，玩得起劲儿，而父母辛辛苦苦张罗的一桌年夜饭，却比不上年轻人手机微信、朋友圈的消息来得更有"味道"。

2. 忽略亲情

春节就是团圆的日子，微信红包的火爆，不仅打破了中国人在除夕夜吃年夜饭看春晚的习俗，还剥夺了许多微信用户的现实时间。抢红包虽然好玩，但终究只是一场游戏，远远代替不了亲情和传统。很多微信用户沉迷于抢红包而不能自拔，抢红包虽然加强了网络关系间的人际传播，但是却削弱了现实关系之间的沟通。微信红包的使用者大多数为上班的年轻人，一年在家的时间有限，本来应该和长辈一起共度佳节，却被虚拟的网络红包吸引，不可避免地削弱了现实中的人际交往，影响了真正的人际交往的情感沟通。

（二）微信红包增添年味儿

1. 微信红包丰富了节日内涵

春节是中国社会的传统节日，红包文化更是源远流长，传统拜年红包作为一个文化元素，通常象征着辞旧迎新、平安健康。新技术发展下的微信红包，将传统文化和现代文化融合在一起，不仅仅是传统意义上的表达祝福，更增添了新的元素。个性化、趣味化、人文化、互动化为新年的红包文化增添了更多色彩。这种新的红包文化丰富了传统春节的节日内涵，过春节不再只是贴春联、吃饺子、看春晚，还要抢红包。红包也不单单是长辈发给晚辈，朋友之间、同事之间都可以发送，还具有独特的"抢"的性质，更加提倡个体的情感表达。

长久以来的央视春晚一直被观众挑剔，没有新意，官方仪式感太强，但是观看春节晚会又是每年的过节传统，是13亿中国人共同的"年夜菜"，具有传统节日文化的神圣感。令人耳目一新的是，2016年的春晚增加了微信"摇一摇"抢红包的环节。据统计，2016年春晚期间微信红包参与人数超过4亿，春晚收视率也相应得到了提升。这形成了一种独特的红包文化，丰富了传统的春节文化，分享祝福、快乐的同时也提倡个性的表达、身份平等的宣扬。微信红包和其他春节传统习俗的融合，是传统与创新的融合，具有很强的进步意义。

2. 促进了人际传播

现在人们普遍认为，年味儿没有以前足了，高楼大厦拉开了人与人之间的距离，春节显得也更加无趣，没有以前热闹喜庆。而微信红包的使用，一定程度上缓解了这一问题。麦克卢汉的"媒介即讯息"理论中提出："媒介本身才是真正有意义的讯息。人类拥有了某种媒介之后才有可能从事与之相适应的传播和其他社会活动。媒介最重要的作用就是，影响了我们理解和思考的习惯。"微信红包为我们提供了传播平台，人们通过收发微信红包，可以和不同时区和不同地区的用户联系互动。平时不怎么联系的人，在特殊节日中，通过微信红包的形式，既表达了对节日的祝福，也有益于增强人际关系。人们往往不会在意微信红包金钱数目的大小，在春节这一特殊节日里，红包代表喜庆、代表吉祥，无论红包大小多少，都代表一份真诚的问候。这样，微信红包就在娱乐轻松的氛围下，加强了虚拟空间的人际传播，也为春节增添了年味儿。

对于抢红包，应该理性地去看待，对年味儿不足的抱怨，折射的是一种文化焦虑，是转型时期的文化纠结。新媒体时代的社会基础变了、文化生态变了，节日的习俗随之变化则无可避免。因此，以新的眼光来看待和认识新事物，才能用新的理念服务于新年俗，才能让春节在与时俱进中，保持其文化内涵不变，才能让春节文化在传承中发扬光大。

在这种背景下，守护传统节日，守护一个族群在长期的历史发展中创造和形成的生产、生活、情感、审美等形态，不仅仅是记住一份乡愁，也是对中国在世界民族文化之林中存在的审视。而当前最现实而迫切的是文化的现代化问题。

**五、新媒体为春节制订的特别节目**

（一）手机自拍回家过年用户生产内容大动作

每年的春节，各家媒体都会"出手不凡"。在2015年春节报道中，回家过年的主题策划十分明显，占据了较为重要的位置。而在这一主题报道的策划中，手机自拍又成为一个较大的媒介动作。1 月 21 日，央视新闻频道通过其微信公众号发布《2015 回家过年》视频拍摄征集令："你就是记者，你就是摄像！拍下你的回家路；拍下和父母、亲戚、同学短暂的团聚；拍下正在变化的家里家外……央视新闻频道将在春节假期连续播出你的回家故事。"央视新闻频道将群众上传的视频进行编辑整理后，在农历的腊月二十八到正月初六在新闻频道播出，大年初一到初三，《新闻联播》每天播出一期。第一次主持春晚的新闻主播康辉也用手机拍摄春晚幕后的故事，记录群众自己特殊的过年经历。虽然广大群众用手机自拍的视频并没有专业记者拍摄得工整，但是镜头后却是一个个鲜活真实的故事，故事中的细节拍摄生动有趣。群众自拍的作品在主流媒体占据较大篇幅可以说是一个大动作。人民网也以回家过年为主题，请百姓参与策划《归途》特别报道。人民网还与北京铁路局联合制作《归途》春运特辑，面向社会公开征集自拍视频、图片，编辑春节特辑《归途》。《归途》分为两大板块："回家的人"和"铁路上的人"，分别记录了旅途中人们的心情与经历以及铁路人的坚守与担当。新时代下，新的习惯形成，也就形成了新的群众文化。

央视与人民网两家媒体在主题策划上基本相同，同属媒体策划引导的一场用户生产内容的活动，公众大多采用手机拍摄视频和图片。但是细细比较二者的策划、运作、效果，可以发现些许区别。

1. 播出平台和频次不同，影响力差别显现

央视的《2015 回家过年》节目，自农历的腊月二十八开始在新闻频道的《新闻直播间》节目播出，直到羊年正月初六。从羊年正月初一到正月初六，《新闻联播》节目播出经过剪辑的《2015 回家过年》。平均起来，每个人物拍摄的视频会在新闻频道重复播出 2～3 次。打开人民网《归途》的页面，网友上传视频最多的一条点击率有 2 万余次，大多数视频的点击量只有几百到几千次。相比较之下，人民网《归途》的影响力相对较小。

2. 前期运作过程不同，故事质量差别显现

央视在视频征集令中要求网友进行自我介绍，写出不低于 300 字的回家计划，有无拍摄经历，以及进入初选后的相关安排，如果其自拍视频播出，将会获得 2000 元的奖励。央视 2 月 17 日播出新闻《新闻频道春节档：谢谢！给我们一个任性的理由》，对这次的策划及运作过程进行回顾。在《2015 回家过年》征集令发布之初，观众的积极性很高，但是很多人难以将一时的激情坚持下来。编辑们每天都要给参与活动的观众发很多微信，有鼓励也有技术指导，有时一条微信打印下来可以装满

一张 A4 纸，可见在群众拍摄的过程中，专业的编导们发挥了很大的指导作用。但是由于人民网对故事主人公的筛选不够，且没有在具体的拍摄过程中进行指导。加上这些拍客并不是故事的主人公，因此缺少了很多群众自拍的意味，缺乏真实性和趣味性。

3. 后期编排方式不同，观看效果存有差别

央视对自拍上传的视频进行再加工，加上必要的字幕和音乐，《新闻联播》播出的版本中还加上了记者解说。此外，央视还将自拍上传的视频素材进行重新组合，形成具有主题的组合节目。比如，正月初一《新闻直播间》播出的《2015 回家过年：回家的礼物》将沈海波和郭冀腾带礼物回家的故事组合播出。专业的剪辑、精巧的编排、恰当的重组使得群众拍摄的内容更加生动，回家的故事在叙事上也更加流畅。手机自拍的镜头能给受众带来更多真实感，百姓在自拍时表现也比较自然，因此这一系列自拍视频丰富了春节的屏幕。

但是人民网对网友拍摄的视频没有做精细的再加工，短片的质量也是参差不齐，一些短片主题松散、音响嘈杂，严重影响故事的质量。主流媒体征集自拍回家故事的媒介行为对于培养潜在的用户新闻生产队伍具有一定现实意义，有了经验的拍客以及受到感染影响的受众将会提供更加丰富的作品。央视的《2015 回家过年》节目是近年来较为成功的用户生产内容的策划。目前 CNN（美国有线电视新闻网）的 iReport 是用户生产内容较为成功的典型。为了聚合用户的报道力量，CNN 创建了 iReport。与 iReport 相比，我国用户生产内容的方式还没有常态化，涉及的话题还不够广泛。

随着 4G 技术的发展及手机摄像功能的不断提升，未来用户生产内容将会更快、更好，尤其在突发新闻中会发挥出更加凸显的作用。从另一个角度来讲，观众对手机拍摄的镜头形成了视觉积累，也为用户自拍的大量应用进行了预热和铺垫。春节征集手机自拍是一个大动作的试验，预示着我国用户生产内容将逐渐成熟常态化，成为多方面的媒介资源，同时，群众文化也随着春节期间媒介的变化而变化。

（二）多样化平台倾听声音，多维度表达情感与观点

媒体传播提供了观察世界的窗口，人们透过拟态环境来体会节日的欢乐及其相关联的事物。诸如春节回家相关联的是拥挤的春运大潮，春节长假相关联的是有人要坚守岗位，新年到来相关联的是时间的急速流逝，憧憬未来相关联的是过去难忘的岁月，等等。因此，春节期间的话题报道也需要媒体精心策划。在一定程度上，央视在 2015 年春节话题节目的平台搭建、话题设置方面十分用心。

1. 从"红亭子"到多屏互动

每到重大节假日和两会期间，央视的红亭子都会出现在一些公共场所，红亭子被称为"说吧"，人们可以走进去对着镜头说出自己的心声。由于红亭子设置在公共场所，自愿走进来的人都有话说，因此成为人们在特殊时刻表达情感、愿望、思想、观点的平台。2015 年的春节，央视将"思念先回家"作为春节"说吧"的主题，成为人们向亲人表达思念、流露真情的平台。红亭子是让个体的人走进去发声，录下一个人的画面和声音。而在另一个空间里，央视则搭建了跨屏互动的话语平台，让更多的人有了进行互动的机会。新闻频道利用微信公众号向观众发起互动话题设置，向网友征集观点，说说你的，说说我的，天南海北畅所欲言。观众只要进入微信编辑"过年＋您的观点"即可参与。节目在演播室直播进行，并挑选部分网友观点进行分享。

例如，农历腊月二十八央视微信向观众征集观点，当天话题为：之前不少人晒出春节的账单，说春节俨然成了一场"黄金大劫案"！到底是钱包重要还是面子重要？一起算算你过年的花销吧！农历腊月二十九当天的话题是：春节和家人好好团聚团聚，绝对是件幸福的事。但是，回家随之而来的，也有一些麻烦事，比如参加各种酒局饭局、各种同学聚会、陪父母的时间越来越少的问题……今天互动话题"过年回家，你是陪家人还是赶场子？说出您的苦恼吧！"这些观点有一个共同的特点就是与春节紧密相关，与生活十分贴近，能够引起网友们的广泛讨论。通过微信客户端搜集用户观点，然后在电视直播中进行分享，这种跨屏互动的形式正逐渐被媒体应用。无论是从大屏导向小屏，还是从小屏导向大屏，跨屏互动的关键在于：屏幕之间的"黏性"及观众切换屏幕的难易度。2015 年春节，无论是新闻节目还是晚会节目都比较成功地实现了真正意义上的跨屏互动。

2. 从《你幸福吗》到《你为谁点赞》

2012 年 10 月，央视推出海采形态的特别节目《你幸福吗？》引起社会的广泛回应，也引起媒体和理论界的关注。从《你幸福吗？》到 2014 年《家风是什么？》的理性回应，节目的话题设置不同程度地体现出时代的符号特征。2015 年央视推出春节特别节目《你为谁点赞？》的策划为采访对象设置了开放的话语空间。在采访对象简单、直白、朴素的回答中，自然流露出对时代精神的倡导，对社会风气正能量的礼赞，对勤恳工作劳动者的尊敬，对家庭亲人的感恩，对国家领袖领导力的肯定，对祖国未来的希望。此外，2015 年的采访话题首次采用网络语言。"点赞"一词最初出现在社交网站，对于大多数人来说，"点赞"是常常使用的表达方式，具有网络文化的色彩。2015 年习近平总书记在新年贺词中也使用了"点赞"一词——"为我们伟大的人民点赞",可以说赋予了"点赞"一定的政治内涵。在采访形式上也有突破,央视通过微信公众号向网友征集自拍视频,网友只要说出为谁点赞,并说明点赞理由,录下点赞视频发到央视邮箱即可。2014 年的《家风是什么?》,曾采用 3 条微信语音作为素材,而 2015 年的自拍视频形式则更加生动多样。

(三)特别节目推陈出新,精彩故事印象深刻

在世界范围内,媒体对重大的节日庆典的报道都会注入很高的热情。为此,媒体与节日具有比较特殊的黏合度。同时,传媒有着监视环境和娱乐大众的功能,在节日期间这一点更加突出。

2015 年春节,央视推出的一些特别节目在形式与内容上都做到了推陈出新。其中用纪实手法拍摄的《中国人的活法》《我不见外》《只为多看你一眼》给人留下了深刻印象。这些节目的共同特点是讲述精彩的故事,且每个故事都不回避矛盾,人物有血有肉、活灵活现,获得了真实感人的效果。2014 年年底,中宣部动员各媒体要讲好中国故事、发出中国声音,开展了"行进中国·精彩故事"主题采访活动,并以此作为年终报道主题。从大年初二开始央视《新闻联播》的《行进中国·精彩故事》推出《拼在基层》特别报道,倾听来自基层岗位的心声。基层的劳作最琐碎,压力最直接也最渴望被理解,《拼在基层》讲述了那些发生在身边又可能不被社会知晓的基层工作者拼搏的故事。例如《医者仁心:32 小时手术的背后》,讲述了外科医生陈松拼在手术台的故事。2014 年 6 月 22 日 17 时 03 分,外科医生陈松用一个胜利的手势定格了一台 32 小时的手术。一台高难度手术持续了 32 个小时之后,陈松本应休息,却废寝忘食地忙碌于会诊、术前谈话、术后巡查等与病人息息相关的工作中,因此他出现在《拼在基层》报道中特别恰当。

春节期间,正是千家万户阖家欢乐之时,看到基层工作者的辛勤拼搏,观众要比平时感触更深:一方面对节目中的基层工作者由衷敬佩,另一方面也会想起自己身边的基层工作者。正如央视评论员杨禹所说:"看《拼在基层》会对基层工作者有更多的理解和支持,也会找到自己拼搏所处的位置。"央视此次的《拼在基层》不仅选择了需要社会理解支持的人群,而且选择了恰当的播出时机,起到了很好的效果。

此外,2015 年春节期间央视新闻频道的电视直播也成为亮点之一,新闻直播间在农历腊月二十七到农历腊月二十九播出直播节目——《过年》,将现场直播、演播室互动、跨屏互动、自拍节目等做成内容包整合播出。除夕当天,陪伴大家过年的《一年又一年》节目如约而至,带动观众感受各地过年习俗。央视《新闻联播》除夕当天头条直播各地实时景观,画面细腻丰富,让观众感受到祖国各地的年味儿。直

播是电视的优势，直播节目为观众打开了眺望万家灯火的视窗，不同地域的受众将同步感受到浓厚的节日气氛。

互联网营造了一个用户至上的时代，用户数量、用户体验和应用场景都成为用户活跃度的关键因素。越来越多的人从微博、微信及客户端上获取信息，在这样一个生态系统中，受众成为用户，影响力成为活跃度，新闻作品成为产品。毋庸置疑，今天所有的媒体都面临着变革与重构。

### 六、结语

春节在中国已经有 4000 多年的历史，之所以能够一直传承下去，就是因为春节承载了我国优秀的群众传统文化，并且群众传统文化与现代文化在不断融合与发展。融合与发展的前提是要坚持"人"的主体性，新技术的发展只有充分地满足人们的使用需求，才能生存下去。传统文化是维系民族生存与发展的精神纽带，立足优秀的传统文化，取其精华，结合新技术，才能使新媒体和群众传统文化得到更好的融合发展。

春节文化中透露着群众文化的现代化，具有不自觉和自觉两个过程。人们借助网络表达节日情感，这种变化起初是偶然的，但明显的使用效果和传播优势，使其迅速被接受、被传播，甚至被固化成一种年俗，之后的使用便是人们自觉选择的结果。在新媒体时代和商业文明高度发达的时代，对于春节文化里的群众文化的传播，提倡用多种形式将春节作为一个可具体化、可操作、可传承的节日。

# 第四部分
# 微时代下微文化与群众文化的规范性研究

　　文化是继承和发扬民族精神的血脉和灵魂，是保障人民积极性的精神家园，是促进国家经济进步、社会发展的重要支撑。当代中国，在党和政府的领导下，人们不断探索中国特色社会主义文化建设的新道路，力求尽快实现文化大发展、大繁荣。以微博、微信等新媒体技术的持续更新为前提，文化的发展更加具有时代性、先进性，形成了微时代在当下社会的发展状况，从理论和实践方面探索微时代的发展，也有助于从内容、形式等各方面带动中国特色社会主义文化建设，提升我国文化软实力、国家竞争力和综合实力。

　　笔者以微时代在当下社会表现出来的时代特征为背景，在此基础上，以微时代发展对中国特色社会主义文化的影响为主线，将关于微时代发展的研究具体深入到人民群众的生产生活等各个方面。本书将在此基础上，阐述微文化在当代中国特色社会主义群众文化背景下的新特点，寻找微时代下群众文化发展的理论基础，提高群众的理论认知水平。同时，通过对微文化内涵和特征深入而具体的了解，发现微时代下微文化发展对当代社会群众文化产生的重大影响，最终使微文化对群众文化的效用最大化。理论的深入和完备离不开实践的支撑。一方面，笔者在理论上对微文化的发展进行了研究，发现其对中国特色社会主义群众文化建设的重大意义；另一方面，将微文化的发展置于当下社会，使其与人民群众的生产生活相结合，从而助力群众文化素质的提高，最终为整个社会奠定坚实基础。本部分包括三章，第十章是新媒体时代群众文化下的微文化，主要叙述了媒体的概念及基础理论，分析微文化对群众文化的影响以及未来微文化的发展策略。第十一章是微传播背景下的群众文化，主要以微信红包为例，从微信红包的特点入手，分析微信红包对群众在节日时的影响及微信红包对群众人际关系的影响。第十二章是社交网络技术创造的群众文化载体，以微博为例，叙述了微博作为新媒体时代的社交网络对群众文化的影响及对策。

# 第十章　微时代微文化与群众文化

目前，学术界对于微文化发展的研究，多集中于文化的界定、微文化的含义特征等，其他方面的研究范围则有限。国内外文献对于微文化的研究较为零散、未成体系。对于微文化与人民群众生活方面的结合也未能深入研究。笔者从微文化的含义、特征等发现了微文化在发展过程中的不足之处，然而未能与当下社会发展现状结合，未将可行性措施正规化、有效化，并使其真正带动整个社会文化事业的发展。

进入 21 世纪以来，以微博、微信为代表的新媒体迅速发展，对于人们生产、生活和微文化氛围的形成产生了重要影响。目前学术界对于微文化的产生、发展及其带来的重要意义进行了深入研究探讨。

## 一、微文化相关概述

李云传谈道：任何文艺创作，或多或少、或深或浅、或明或隐总是受到某种文化观念的影响。"历史"不是指往前无限延伸的历史，而是指对某个时代的文学艺术产生了直接重大影响的文化历史背景和文化现实环境。微文化的出现和发展是马克思文艺理论中国化的时代体现，在传承文艺思想、构建总体文化氛围、熏陶和引导国民树立健康活泼、友好互助、创新进取的文化情结方面产生了积极影响，在促进社会主义各项事业繁荣昌盛方面发挥着重要作用。

### （一）文化和微文化内涵的界定

微文化是一种聚集的力量，一些看似微不足道的行为，不经意间却改变了人们的生活。微文化指由于微博这一平台的产生和普及而衍生出来的注重向个体和微观发展的文化现象。但是，从当前我们所感受到的微文化现象来看，笔者认为其主要是以微博为代表，包括微信、微电影、微公益、微支付、微频道等不断出现的以"微"字为中心、新概念为内容的"微文化"，其产生的基础在于网络技术的发展。以此导致人类进入个人互联网时代，改变了群众个人信息获取与发布的方式，速度与原来相比也有了质的飞跃，人们的生活进入了微文化时代。

（二）微文化与群众文化发展、网络文化的相关性

中国最早典籍《尚书·尧典》中提出"诗言志"的表述，孔子"兴于诗，立于礼，成于乐"完整阐述了由审美至教化的进程，"诗教"是中国自古以来最为重要的文化命题，也就是古人所说的"文以载道""以文化人"，文艺进步是文化发展的重要基础。微文化是文化在新媒体时代利用网络实现自身创新发展有效传播的具体表现，其发展有利于群众文化教化、熏陶功能的发挥和良好文化氛围的形成。然而，群众文化和微文化的发展普遍存在着模仿、快餐式消费等问题，因此需要坚持发扬艺术民主，增强文化内涵，利用微博、微信、微电影等平台实现与人民群众的互动交流，真正实现为人民服务，创造出体现人民生产、生活特色的文化内容，最终实现群众文化的繁荣发展。

网络文化和微文化属于文化发展的两个阶段，相互之间存在着密切的关系。网络文化指互联网发展带来的全球符号系统和文化内涵的改变，主要表现为互联网存储和传播的文化。网络文化和微文化的存在发展使人类进入了"数字化生存"的新媒体时代，数字化成为人类生存的基本要素。在这一虚拟空间，原来的软件设计师、源代码拥有者、占有网络技术和信息资源的组织和个人，没有了巨大权力，没有了囊括一切的中心。广大群众意见成了表达主体，凭借提升的计算机技术和广阔的网络通道，信息传播的容量和速度大大超过了传统媒体，信息传播方式具有同步传播、异步传播等多样性、灵活性的差异，二者的内容具有通俗性的特征，产生了一种回归个体、回归生活、回归感性的文化追求，同时促进群众文化的繁荣发展。与此同时，面对着商业利益的巨大诱惑，网络文化和微文化的发展过程中也出现了许多不和谐现象。如"流氓软件"强行入侵用户电脑，传播广告、制造病毒，网络"大 V"利用关注量传播虚假信息等影响正常网络秩序，也给群众文化带来不利影响。

另外，网络文化和微文化的发展存在着差异性的特征。第一，两者的侧重点不同。娱乐性是网络文化非常重要的特征，是网络文化的出发点和归宿，是使其迅速发展的推动力。网络文化的技术性深入人民群众，通讯能够变成可视通话，网络游戏也提高了群众的参与和互动，网络的高效搜索功能、价格低廉优势更是以往传统媒体无法比拟的。然而微文化的发展更加关注内容的及时更新、文化内涵的发展状况、人民群众的需要及其满足状况等，以更加细腻的方式和手段关注人民群众的感情变化和微文化对社会群众文化的作用。第二，两者对网络关系形成的认识不同。网络文化的发展强调其交互性，即网络主题不断变化，作者和读者身份，不断消解"作者权威化"的趋势，其在互联网媒介中传输的多是现成文化，大多是技术拥有者

将现实社会中的信息、新闻通过网络传递给群众。然而微文化的发展强调其互动性，网络"大V"通过新媒体发布身边的新闻及对某件事的看法，群众及时转发、回复信息，与发布者进行沟通交流，因此网络生态的形成不是单一途径而是各方网络力量的建构的过程。不管是网络文化还是微文化，群众文化借助新媒体的出现，改变着其生活方式，使群众文化的表达方式更方便、更现代化，促进了群众文化的发展和建设。

### 二、微文化的发展特点

微文化作为文化变迁中的新阶段，是中国特色社会主义文化建设的重要组成部分，对于文化的进步有至关重要的作用。新时期，有以下几个特征。

#### （一）微文化的包容性增强

中华民族有着五千年的文明历史，以仰韶文化、河姆渡文化为发端，唐朝文明的极大繁荣使得各民族争先崇拜和敬仰，以孔子儒学为代表的各种学说的兴盛，使得广大中国人对自己的文化有一种优越感，因此对其他文化持一种排斥的态度。然而随着实践的发展，人们越来越以一种包容的心态对待文化的发展。例如，在微文化的发展中，总能听到网络名人、"大V"的声音，有机会倾听百姓心声。又如，从微文化受益的人群看，由于理智和感情的不协调或是信念和利害关系的冲突，人们尤其是中年人对微文化的认同是模糊的。但是，我们能够感受到他们对微文化的发展持一种接受的态度，并尽自己所能来不断适应这种发展，不断增长的微信用户量就是微文化发展的见证。

#### （二）微文化底蕴得到深化

目前，微文化的发展更加倾向于人文关怀。传统儒家文明以"仁"为中心，用"克己复礼"作为节制个人和群体行为的工具。孔子不仅仅在道德伦理上给中华民族作出了贡献，在相当意义上还可以说是中国文化的象征，但这种文化是为统治阶级利益服务的，是一种精英文化，这种文化没有考虑到百姓的需求。而今天的微文化更加关注个人的自由发展。这种文化强调尊重个人的自我感受、重视自我价值的实现、使得个人不会因为服从社会压力而忽略自我、否定自我。在这种文化氛围下，个人的主体意识和参与意识不断增强。以很受大众欢迎的微电影《最好吃的饭》为例，短短的几分钟，却微妙地传达了孝亲敬老这样一种思想理念、认同感和归属感，其深奥如《屈原列传》所言："其辞微，其志洁"，也使人们更加关注到普通大众的才华和正能量引导社会价值导向的真挚情怀和高尚道德。

（三）微文化使人们文化自知能力提高

中华文化自古以来就主张"以力服人者霸，以德服人者王"，主张用道德的力量说服人、教育人，在文化传播活动中，受教育者大多处于一种被动状态。随着文化的进步，尤其在微文化时代，人们的文化自知之明、文化自觉性不断增强。人们开始主动根据周围的环境对文化多样性进行自我调适和取舍，开始在文化的沟通、融合中发挥主观能动性，以文化的传播途径——中华民族的语言——为例，在没有普通话之前人们很难交流，于是，人们开始了主动普及普通话的进程，带动我国的文化一度十分繁荣。在微文化时代，计算机语言应用十分广泛。人们便积极适应这种发展趋势，创造出了很多反映人们生活现状的、具有时代特征的网络名词，实现了微文化发展内容的多样性和形式的灵活性。

**三、微文化的发展理论基础**

中国特色社会主义先进文化建设的迫切需求推动了微文化的存在和发展。先进文化是指符合"三个代表"重要思想、科学发展观理论以及习近平新时代中国特色社会主义思想和当下社会"中国梦"主旋律的文化，它以"三个有利于"为判断标准，是反映时代进步潮流的文化，其核心思想在于崇尚和追求先进性。微文化内容的更新和传播方式的改变是传承和创新先进文化的重要体现，是进行中国特色社会主义文化建设不可缺少的动力和源泉。第一，微文化的发展能够推动和适应生产力的发展，代表先进生产力的发展要求，如微文化的发展带动网络动漫产业、新媒体企业和以淘宝为主的虚拟经济的发展。第二，微文化的发展具有与人民群众利益紧密联系的特征，其坚持贴近生活、贴近实际、贴近群众的原则，有利于保证人们享有的政治自由和民主权利，营造宽容自由的环境，带动人们政治参与的积极性，从而丰富文化发展的内容和形式，真正实现文化为广大人民群众服务的目标，也有利于使社会主义核心价值体系的效用最大化。第三，微文化的发展具有鲜明的时代性和前瞻性，作为文化变迁中的新阶段，微文化利用先进技术奠定物质文化前进的根基；通过倡导和建立网络空间安全，完善其制度文化保障文化安全；通过与社会主义精神文明建设相结合发展精神文化，最终建立和谐的文化氛围，引领文化新潮流、社会发展新趋势。

### 四、微文化下的群众文化重要功能

首先，微文化的发展，推动了新时期群众文化的精神文明建设。微博、微信、微电影等新媒体信息容量大、宣传领域广、传播实效快、互动沟通强的特点，有助于群众文化传播社会正能量，开创精神文明建设新局面，提升社会凝聚力。社会生活中客观存在许多激励人心、积极向上的正面事例，如每年评选的"感动中国"十大人物先进事迹、"最美"事件等都会在新媒体这个平台上得到广泛传播，对群众生活中的先进事例的正面报道和大力渲染，能够引起更多人的关注和学习，从而促进群众文化的发展，也促进了现代化社会主义精神文明强国的建设。

其次，微文化的发展，满足群众文化多样化的心理诉求。新媒体时代，随着信息的公开和透明，人们之间的矛盾冲突增多，人们之间的隔阂也增加，人际关系和交往逐渐冷淡。而网络新词"辽宁舰""走你"等热词的流行在一定程度上提高了人民群众的凝聚力、向心力，为群众文化沟通和交流找到共同语言。同时，在微文化平台上，各种观点和思想的"百家齐鸣"为不同层次社会群体放松身心、愉悦心灵提供了表达渠道，丰富了人们的精神家园，使人们心情愉悦、生活幸福，提升了群众文化中的生活品质。以新浪微博为例，热点话题有加"＃"的功能，这样可以使同一话题的微博被集中检索到，方便用户对话题进行跟踪和深入了解。总之，群众文化通过对信息资源的聚合，使群众能够全方位、多角度地感知事件，满足自我的精神需求，使群众文化得到更好的发展。

### 五、群众微文化素质的进步使中国特色社会主义文化深入人心

在微文化氛围影响下，通过人们生活方式和交往方式的改变，创新了中国特色社会主义群众文化建设方式。首先，微信迅速性、及时性的特点使人们的生活更加方便、简单，人们不断体会着网上购物、网上浏览信息的快捷与便利，真正实现了"秀才不出门，便知天下事"的梦想。微博、微信信息的及时表达符合现代人的生活节奏和习惯；微信的"点赞"活动，简单的行为让人们被关注，满足了人们生活、心理需求，有利于群众和谐人际关系的建立。其次，微博、微信等新媒体的发展使文学艺术的发展走出殿堂、走下神坛、走向生活，为人民群众所真实感知，平民化的表达方式使每个人都可以创造自己的"媒体"，发出属于自我的声音，找回丢失的话语权，使人们生活得更加自由，改变了群众生活方式，从而改变了群众文化的发展方式。例如，越来越多的电影爱好者正借助 DV、网络、博客等新技术、新媒体平台，一跃跨过传统电影的专业门槛，投身于电影拍摄、制作、传播，引发了新一

轮平民影像视频娱乐的狂欢。正如土豆网的广告语："每个人都是生活的导演"。最后微文化的发展使群众的交往方式更加多样化、新奇化。群众文化通过微博、微信等新媒体，可以使人们获得及时、新鲜的信息。利用新媒体不断更新的功能，读者可以支持或批判信息发出者的立场、观点和水平，这样就容易形成作者和读者、读者和读者的互动，没有居高临下的命令、呵斥，每个人都能感受到自我的主体性。当人们的表达方式、观点态度得到尊重后，人们更加愿意进行交流，随时进行自我提升，进而形成良性循环。方便、快捷、体现自我主体性的微文化发展特点，有利于改变传统群众文化的传播方式，多元化的方式使群众能够尽快理解中国特色社会主义文化的要义、关键，并运用其指导群众文化。

微文化的发展提升了人们的文化品位，丰富了中国特色社会主义文化建设的内容。新媒体产生之前，人们只有很少的途径关心国家大事、社会热点问题，人们的信息接收能力很弱。拥有了智能手机、平板电脑等新媒体媒介，人们可以充分利用上班间歇、旅行、坐车等零碎的时间关注信息动态，也可以是自身对社会的观察，如发表对某个事件的评论，其方便快捷的功能赢得了人们的喜爱，人们可以随时通过微博、微信实现权利的诉求，情感的宣泄，精神的历险，文化的冲浪，使人们的生活丰富多彩。微博、微信等新媒体的出现见证了科技的力量，这种力量提高了人们认识世界和改造世界的能力，提升了公众参与度。作为参与者，公众积极参与网络问政，通过 BBS、新闻跟帖、网络论坛等多种方式参与社会政治生活，充分表达意愿和诉求。通过人民群众关注时事政治，发表观点、看法，提高了群众自我理论深度，丰富了中国特色社会主义文化建设内容，真正实现了社会主义文化建设为人民服务、对人民负责的原则。

### 六、群众文化在微文化发展过程中存在的问题

尽管在党和政府以及广大人民群众的共同努力下，我国微文化的发展取得了一些可喜的成绩，但从长远发展来看，其发展过程中仍存在许多问题，尤其是 21 世纪以来，信息更新换代的速度不断加快，对于我国人民群众有待提高的文化素质而言不容乐观。对此，我们应该保持清醒的头脑，客观地认识目前微文化的发展在与人民群众的文化生活结合方面存在的一系列问题。总之，如何促进微文化制度化、规范化发展成为一项迫在眉睫的任务，不断建立和完善促进微文化发展的各项机制是时代对群众文化提出的新要求。

（一）微文化的发展无法律约束，导致网络环境混乱

目前，我国虽然制定了一些关于网络文化的法律，但是这些法律尚未形成体系，对于微文化现实发展中遇到的各种问题有些无法可依、有些立法模糊、有些界定不清，致使法律依据缺乏可操作性。微文化发展的突出特点在于，群众可以自由地在网络上发表自己的言论。尽管如此，微博、微信等新媒体依然具有很强的精英性，不是所有人都能成为有影响的网络名人，然而在一个虚拟的传播空间中，一些别有用心之人常常用华丽的语言、另类的思维包装自己的真实思想以便获得关注，从而扩大虚拟空间的影响力和话语权，提升自己的"文化资本"和"社会资本"，以便于发布一些功利性和虚假性信息，最终由于信息的泛滥、无序导致群众思想混乱。以人民论坛问卷中心在 2013 年 10 月关于网络问题的调查为例，涉及网络秩序状况的调查结果表明，超过一半的受访者不看好网络秩序的发展状况，大多数受访者对网络秩序的评价比较低，这表明改善网络秩序的混乱状态成为亟待解决的问题。

（二）部分内容肤浅化、恶搞化，严重影响受众知识水平

以微文化为代表的新媒体是一个开放的平台，每个人都可以参与其中，然而大部分群众的知识水文化素养有限，因此容易出现发表的信息表面化、形式化的状况。以发布微博状态的字数限制为例，每条微博内容包含 140 字的信息容量，这铸造了一个短、平、快的交流工具，然而有限的字数使得信息传输者和表达者不再追求"精耕细作"式的文字思考与推敲，而是采用"广种薄收、薄利多销"的方法来获得广大群众的关注。区区的 140 个字，使得广大群众有限的表达能力很难把某一件事和情况表达清楚，于是以微博、微信为代表的新媒体信息表面化，大多追求享乐、感官的刺激，尤其是一些无法代表先进文化前进方向的文艺工作者发出的表面化信息更是严重影响了群众的知识水平。这些文艺群众产生的文化产品逐渐以市场功力化需求为价值导向，所传播的思想内容缺乏理论高度，出现"写快文、出快名、赚快钱"的不良社会现象。甚至这些群众成为牟取暴利的企业或者个人的"代言人"，这严重污染了良好文化环境的构建。众所周知，文艺赖以生存和发展的土壤是人民群众的智慧，文化发展进步的动力是为人民服务的目标，当这些群众脱离了人民群众生活的现实，将文字、文学作为获利、掌权的手段，那未来将如何书写人民、服务人民、造福人类，这不得不引起群众的深思。

在低门槛的微博、微信等新媒体下，一些在改革开放、市场经济的文化氛围中度过童年和青春期的都市青年们，不断尝试着运用新媒体表达自己对社会独特而鲜

活的认知，并建立起社会群体的文化认同。以网络新词"屌丝"为例，这一新词暗含了中国网络时代群众对现实的苦闷及自嘲、自勉的心态，群众通过互联网聚在一起，用质疑、自我否定的方式宣泄情绪，表达对社会不良现象的担忧，同时这也见证了群众追求身份认同的渴望，求新求趣、求慰藉的心理。然而由于他们生长在社会的剧烈转型期，难以实现与传统价值话语的对接，同时当代青年人就业难度加大，社会分配在阶层和代际上的不公平日益凸显，部分群众在网络中发表的内容多为肆无忌惮的嘲讽和颠覆，同时夹杂着色情和暴力暗示的黑色幽默甚至是粗俗的俚语，缺乏传统文化素养，以此为内容传播的微文化消解了文化价值观、传统生活理念，造成群众思想的混沌，影响了群众的认知结构和知识来源、文化进步。

### （三）对群众的生活造成极大消极影响

生活在数字媒体时代，群众感觉到前所未有的独立性和自主性，新媒体为人们打开了一扇窗户，使其有能力做很多过去不能做的事情，然而也使人性中的贪婪、自私等不良生活习惯、价值理念等暴露在大众视野中。部分群众整天坐在电脑前成为"宅男""宅女"，人的精神出现了空虚、精神堕落，导致社会危机，致使现实社会中色情、赌博等犯罪行为不断增加，享乐主义、物质崇拜大肆盛行，群众的幸福感降低、进取心减弱、丧失了生活的目的，甚至出现道德堕落，这严重冲击着我国社会主义核心价值体系的构建，长此以往后果不堪设想。例如2011年6月"郭美美事件"，引发了人们的信任危机。这自称"住大别墅，开豪车"的20岁女孩，在微博上多次炫耀其豪宅、名包照片，其身份认证信息居然是"中国红十字会商业总经理"。此消息通过微信、微博等新媒体大肆传播，点击量达到上千万，引发社会大众对慈善事业的不信任，使群众产生了仇富心态，激化了社会矛盾，出现了空前的社会危机。

### 七、促进微文化对群众文化发展的对策思考

#### （一）促进微文化的总体思路

**1. 法律、法规约束规范"微"媒介与"微"行为**

面对微博、微信等新媒体带来的网络谣言、虚假信息、网络犯罪等，相关部门必须制定相应的法律、法规，其作用在于它产生的巨大威慑力量，使那些居心不良的人不敢随意破坏网络信息传播的正常秩序，并保护那些利用网络来表达意见的公众顺利地行使自我权利。到目前为止，我国相关部门及互联网机构相继颁布过一些

规范网络信息传播的法律法规或者行业规则。如 2002 年我国互联网协会出台了《中国互联网自律公约》。2004 年，中国三大门户网站——搜狐、新浪、网易在京宣布："成立中国无线互联网行业'诚信自律同盟'，联合抵制虚假有害信息。"此外，需要扩大《反不正当竞争法》的范围，严格明确责任制度及相应的赔偿制度等，以便充分维护受害者权益和消费者权益，严厉打击制裁不正当竞争行为。为了管理文化市场混乱的竞争现实，要不断健全文化市场体系，加强行业自律，遏制不法行为，努力为微文化产业的发展搭建一个安定、有序的市场运作平台，打破垄断壁垒，坚决打击违反经营行为，开拓一个公平、公正的市场氛围。

　　建立和完善网络舆情引导和监控制度，这是发展人民群众文化的必然要求，是引领青年价值、社会舆论的有效途径。网络行动的基本前提就是把舆情搞清楚。所谓网络舆情，就是指社会关注程度高、与政府管理密切度较高的舆论现状，当然这里网络舆情还包括普通人民群众舆论发展现状。与此同时，需要建立相应的信息甄别、反馈机制，培养引导微文化发展的专门人才，时刻对网络舆论动向进行密切观察，对当前的社会形势有清醒的认识，对所在地方乃至全国民情民意有透彻的了解，实行专门责任制度、系统化规范管理。

　　2. 运用社会道德引导价值主体自律

　　当前微文化环境中信息繁杂、混乱，法律法规并不完备，需要提高群众的微文化素质，优化微文化发展环境。运用社会道德和行业规范引导价值主体自律，是一种柔性管理方法，它要求微文化主体为自身服务的同时，利用网络使用者和传播者发挥主观能动性培养健康上网、传播正能量的意识，对待事物的评论秉承高度的媒介素养和科学批判精神，等等。党的十八大报告指出："全面提高公民道德素质。这是社会主义道德建设的根本任务"，"要弘扬真善美、贬斥假恶丑"，"培育知荣辱、讲正气、作奉献、促和谐的良好风尚"，这为微文化道德的建立提供了理论基石和行为指南。为了增强人民群众的自律意识、提升其文化素养，培养理性、和平、包容开放的社会心态，我们可以运用新媒体进行宣传、采用实际活动进行锻炼等。例如，在线上，提高模范人物事迹的转发量，引导群众宣传或学习先进人物事迹，同时开展网络心理健康教育，塑造国民健康的内心世界；在线下，开展读书月活动，缓解群众的心理压力，提升自我知识水平。总之，通过开展各种有形、无形的活动，从小事做起，逐渐提升全民的自我管理能力，营造一个和谐的社会氛围，推动中国特色社会主义建设步伐。

　　3. 运用技术手段畅通沟通平台

　　微文化是依托互联网尤其是个人互联网技术和个人便携移动互联设备的普及而

发展起来的。此外微信整合了群众的生活圈、社交圈、乃至工作圈，让群众体验到前所未有的便捷和新鲜，把传播模式由"漫谈式"过渡到"对话式"，利用信息屏蔽技术设置"谣言过滤器"改变信息接收方式，将未发、有害信息过滤掉，保障群众接收到安全、可靠的信息，确保优秀文化成果有效、广泛传播。此外，智能手机等便携互联设备的更新换代使得上网越来越方便，应用工具等微文化形式发展多样化，为微文化环境下的人民群众文化活动的开展提供了更加便利的条件和途径。

### 4. 融入中国特色社会主义文化建设中

微文化的存在和发展不是孤立的，和中国特色社会主义文化建设存在着密切联系。为了使微文化能够实现健康、有序发展，首先，应毫不动摇地坚持中国特色社会主义先进文化的前进方向。每个国家的文化都有其个性、代表性，其发展渗透着该国的核心价值观。因此，微文化的继承与创新、交流与碰撞、扬弃与更新，始终要围绕文化的核心价值进行，大力发展有中国特色的社会主义文化。在微文化的发展过程中着力构建社会主义核心价值体系，是实现经济繁荣、社会发展、民族振兴的必由之路。其次，微文化的发展要坚持兼收并蓄原则，在文化交往中吸收、借鉴其他民族文化中的积极成分，同时继承和发扬中华文化的优秀成果。尽管微文化发展的过程中可能遇到文化保守主义坚持以传统文化为出发点解决中国现实问题等文化挑战，但只要我们坚持发展具有中国特色的微文化，打造强势的中国文化，是能够赢得国际社会各个国家的支持和人民的信任的。最后，微文化的发展要坚持文化创新原则。创新是一个民族进步的灵魂，是一个国家兴旺发达的不竭动力，也是一个政党永葆生机活力的源泉，文化创新是文化的生命和灵魂。微文化的发展要积极探索与建立符合社会主义先进文化要求、遵循精神产品创作生产规律的文化思想，使微文化的发展与群众文化产业相结合，提升我国的文化软实力。

### （二）完善微文化进步的具体策略

为了使微文化以更加积极、健康的方式发展，我们可以从身边做起，采取一些行之有效的措施来不断提高群众的智慧和素质，最终形成一种崇真尚美的文化氛围。人们在这种优美环境的熏陶下，形成的坚定的生活信念和崇高的人生信仰，会为未来开拓一个多元、活泼、开放的文明世界奠定坚实的基础。

构建良好的网络环境需要网络主体的共同参与。首先，每一个传播者都要以高度负责的精神做好自己的工作，以认真的态度做好各种信息的选择、解释、组合或评论。在维护社会总体价值和目标下，坚持真实性原则，公正而理智、客观而真实地描述社会。其次，作为信息转发者和接受者，在传播信息的过程中不可过分夸大消息，不传播虚假消息、错误消息诱导群众，坚持理性原则，综合分析考虑消息的准确性、真实性及决定是否继续传播，正确引导社会舆论。

面对网络的无序状态，广大网民应不断提升自我的知识水平、改善知识结构，对在新媒体中发生和传播的事件，进行更多更深入的思考和分析，分析事件发生的原因，从事件中总结出经验教训，同时指出解决该类事件的具体措施。与此同时，作为普通网民，在网络虚拟空间中，要坚持知行合一、行胜于言的原则。从生活中的小事做起，跟随社会发展的价值潮流和社会导向，将微文化素质的培养和提升变得日常化、具体化、形象化、生活化，使每个人都能感知它、领悟它，将其内化为群众的精神追求，外化为群众的自觉行动。

面对网络中的犯罪行为，亟待加强网络治理。对于网络不良行为对群众生活造成的消极影响，需要将线上、线下的治理结合起来。首先，可以通过宣传片、公益讲座、微电影等新媒体宣传网络犯罪的手段，提高群众的思想意识和警惕性。其次，网络治理的主体主要靠人民大众的自我约束、自我监督才能得以顺利实施。作为网民，要从自我做起，从身边的小事做起，以榜样的示范力量带动身边自觉遵守网络道德、净化网络谣言及其他不良行为。

## 八、结语

随着微博、微信等新媒体技术的进步，微时代的存在和发展成为党和政府、学术界及社会大众研究的重点。作为文化领域内的新鲜事物，微时代极大丰富了中国特色社会主义文化建设，并对其产生了重大影响。然而，科学有效地开发利用微时代的形式仍旧严峻、任务十分艰巨。

本章在对微时代含义、特征、功能等进行深入研究的基础上，重点阐述人民群众在微时代的发展下对中国特色社会主义群众文化建设产生的重要影响。对于当代人民群众文化建设发展中遇到的问题，提出了几点建议，如提高自我知识水平、制定规章制度、发展公益性文化事业、营造公开透明的网络环境、提高人民群众的文化参与积极性等。笔者相信，只要坚持改革创新的精神、与时俱进的方针、主动把握当代社会发展脉搏，最终一定能够实现微时代秩序的有序、合理发展。

# 第十一章　微传播背景下的群众文化
## ——以微信红包为例

　　微信红包自推出以来，凭借着微信社交平台强大的用户群，迅速发展，2016年春节期间，微信红包更是火爆，微信红包的收发数据再次呈爆炸式趋势增长。微信红包使用电子红包的形式迎合了受众的心理需求，改变了受众的人际传播方式，从而促进新媒体技术和传统节日文化更好地融合发展。微信红包满足受众的需求，也给受众的人际关系带来影响。笔者从微信红包的特点出发，分析微信红包对群众生活中的节日及人际关系的娱乐功能，从使用与满足理论、人际交往理论、需求理论、符号互动出发，剖析微信红包传播过程中带来的新变化，从而引发对微信红包传播的一些思考。

　　"恭喜发财，红包拿来！"是大家耳熟能详的一句顺口溜，也反映了中国红包文化影响深远的现象。自2014年春节至今，微信拜年红包俨然成了过年新潮流。短时间内，微信红包的各项数据实现了迅猛的增长，迅速跻身中国互联网史上"现象级"产品之列。2016年2月7日，除夕全天微信红包的参与人数达到4.2亿人，收发总量达80.8亿个。过年抢到了多少红包已经成了大家新春拜年时交流的话题新宠，而"抢红包、发红包"也演变成了一场社交圈的全民狂欢。

## 一、新型媒体承载的红包游戏

　　微信红包以原有的红包习俗为依托，实现了微信发红包、查收发记录和提现的功能。微信派发红包的形式共有两种，第一种是普通等额红包，一对一或者一对多发送；第二种是"拼手气群红包"，用户设定好总金额及红包个数之后，可以随机生成不同金额的红包，也可以在微信群中发放设定总金额和总个数的群红包，微信群里的用户所抢到的红包的金额由系统随机设定。而春晚直播当晚的"全民抢红包"环节则需要主持人口播详细的互动引导，用户通过"摇一摇"来抢红包，每个抢到红包的用户还可以领取多个额外的红包分享给微信好友。用户和微信团队围绕微信红包，推出了许多新的游戏和活动。最为人们熟知的是群组间的抢红包游戏，最新出现的形式是 2016 年春节期间推出的"红包照片",用户可以在固定的时间内发送一张照片,而他人必须通过给红包来获得照片的内容。

与传统红包相比,这种新媒体承载下的红包由于没有时间和空间上的限制而更加便捷,同时在抢与做游戏的过程中增加了人与人之间的互动和抢红包的趣味性,打破了传统红包中长辈对晚辈的单向性,通过新媒体裂变式的传播扩大了发红包的规模。因此,这种低成本、高效率、具有传统文化意义的红包游戏比传统红包具有了更多的功能。

### 二、微信红包使用特点概述

蒋原伦认为,今天的传媒不再是单纯的信息传播工具,它开始侵入传统文化,在传播的同时以潜移默化的方式改造着传统文化,从而形成了独特的媒介文化。从媒介文化的角度看,微信红包其实是通过微信这一媒介,在传统红包基础上所营造出的新型红包文化,与传统习俗中的红包有较大区别。可以从微信红包的特点着手分析该功能相对于传统习俗的发展,这对于探究其在人际方面的影响具有基础性意义。

首先,红包的象征意义得到了延展。传统红包习俗中,红包主要寄寓了主体对客体的祝福。而如今的微信红包的实际使用中,红包可以用来吸引对方注意,可以表达道歉、感谢和安慰等情绪,可以通过微信红包进行现实中的支付或者借贷的金钱流通,甚至出现了红包游戏这一以娱乐为目的的情况。伴随而来的,是收发对象范围扩大。在传统习俗中主要是长辈对晚辈的祝福,而如今由于表达的内涵更加丰富,自然收发对象也随之扩展。另一方面,由于社交软件中的群组特点,即在同一个微信群中,存在彼此不认识的成员,在群组中使用微信红包时,也会出现收发双方是陌生人的情况。

其次,在具体的传—受过程中,互动性和对象随机性尤为显著。传统红包在传递时是一个单向的过程。在传统红包的传递过程中,其侧重于对一个特定对象的单方面的传递。相比较而言,群众随时可以使用微信红包进行互动,传—受的关系随时可以转换。而在拼手气红包、红包游戏中,传—受对象都是不确定且随时变化的。

最后,在群众的使用体验中,对于微信红包的情感体验远远超过对其中金额的在意。群众用独特的数字来表达特定情感的做法也很流行,如"5.21 元"代表"我爱你"。同时,在以"拼手气红包"为方式的抢红包游戏以及微信后来推出的"红包照片",人们关注的往往不是实际抢到金额的多少,而是抢红包、看照片这种形式所具有的娱乐因素。

由此可见，微信红包改变了原有红包的收发体系，赋予了其新的内涵，并且创造出了新的红包传播形式。这些新的改造与变化，是研究微信红包对于人际传播和人际关系影响的依据。

### 三、微信红包传播特征分析

新媒体时代下，受众不仅扮演着受者的角色，同时也是信息交流的传者。开放性、互动性、参与性是现代社交媒体的特点。群众在大量新媒体的影响下，思维模式和价值观念也发生了很大的改变。微信作为一个强大的社交软件，已经潜移默化地改变了群众的思维方式与交往方式，在"指尖与屏幕的触碰"下，彼此的联系和交往日益频繁，这更有利于受众接受新文化。微信红包，将传统意义上的红包文化与现代文化和新技术结合在一起，凭借其方便快捷的特性，迅速走红。究其原因，是因为微信红包具有如下几点特性。

#### （一）传播互动性

传统意义上的拜年红包，多是长辈给晚辈，祝愿孩子健康平安，晚辈通常会接受红包，不需要回赠，这是一种单向的传播方式，传播范围多在有血缘关系的亲戚圈。微信红包使虚拟的人际传播和现实的人际传播结合在一起，是一种对传统红包形式上的补充，同样都具有美好祝福的意义。新媒体时代的影响下，微信红包作为一种文化符号，本身的符号意义发生了改变，不单单代表新年祝福和赠予，更代表了一种大范围的互动与交往。微信红包不仅是在有血缘关系的人群中进行传播，在地缘关系、业缘关系的人群中也可以传播。现今社会，群众的社交范围越来越广，交流沟通也更加困难，简单的拜年短信已经不能满足群众追求真诚、追求趣味的情感需求。发微信红包就成了一种以微信软件为媒介的新型社交行为，其更加注重朋友之间、同事之间的互动传播。微信红包具有娱乐性和互动性，使群众在轻松愉快的形式下表达对彼此的新春祝福，从而促进情感交流。

#### （二）方便快捷性

受中国传统文化的影响，过春节家人要团圆，不管身在何处，都要回老家过年，因此不可避免地导致了部分亲人朋友分隔两地的情况。一方面微信作为社交平台，具有即时性和便捷性。微信红包的出现，则更好地解决了亲人朋友之间烦琐的春节拜年问题，不出家门，就能传递祝福，有效地解决了距离遥远的问题，也为人们节省了时间，从而更好地与家人团聚。另一方面微信红包操作简单，用户只需要将有一定金额的银行卡绑定微信支付，动动手指，就可以给微信好友发放红包。与传统春节红包相比，其适用范围更加广泛，形式也更加随意，降低了传统春节红包的仪式感，微信发红包与抢红包不需要当面进行，同时也避免了接受金钱时的尴尬处境。在微信社交网络中，朋友、同事和亲友之间都可以互发红包，年龄和辈分也不再是红包发放的限制条件，传播活动中传—受双方关系的平等化使得微信红包的传播更加灵活和广泛。

（三）娱乐性

普通的拜年红包金额较少，但是群众抢的热情却很高，为了几角钱，几元钱，抢得乐此不疲。即使抢到的金额很少，也会感受到收获的喜悦。微信红包最大的亮点在于"抢"，增强了红包活动的游戏性和竞争性，抢红包的形式引起了人们的兴趣，进而可以提高群众参与进来的主动性。现在人们都会有这样的感受：微信好友很多，可是真正的人际交往并不多，大部分沦为"点赞好友"。春节期间，在群里发个拼手气红包，可以迅速引起大家的关注，增强群众的群体存在感。抢到红包，人们会得到心理上的满足，就会有分享的欲望。受到中国传统文化"礼尚往来"的影响，通常会进行红包接龙。在"发"和"抢"这两个简单的过程中，可以激发群众相互交流的热情，就能在节日期间增加热闹气氛，促进了亲朋好友之间的交流和互动。

**四、微信红包对传统节日红包的继承和创新**

微信红包是科技发展的一种创造，但这种创新也来源于我国传统春节红包习俗的启发。所以在很大程度上继承了传统春节红包的形式和文化内涵。

（一）微信红包对传统春节红包的继承

首先，微信红包的文化寓意和传统春节红包的文化寓意相近。微信红包虽然在传播方式和传播对象上与传统红包有异，但其"讨彩头""趋吉辟邪"的寓意却是基本一致的。因此，在微信群中，大家之所以会争先恐后抢面额寥寥的红包，就是希望能借助红包的喜气让自己在新的一年里遇事顺风顺水。在抢红包这个活动中，大家真正"抢"的便是新年的好运和喜气，红包的物质意义则居于次要地位。

其次，微信红包的形式也是对传统春节红包的一种继承和模仿。在微信网络中，虚拟的红包与生活中的红包在图案造型和祝福语设计上如出一辙。而点击红包的动作也叫作"拆红包"，由此可见，微信红包通过科技的手段力求给予用户一种近乎逼近真实情境的虚拟体验。

### (二) 微信红包对传统红包文化的创新发展

随着时代的发展，传统文化的精粹代代相传，而每个时代特殊的生活方式也会在传统文化中得以展现。微信红包在继承传统的春节红包文化的基础上，赋予了传统文化新的生机和活力。如今，除了传统的包饺子、放鞭炮和发压岁钱，人们在微信上也可以与亲友玩互动，抢红包讨彩头。这正是不同时期群众的生活方式在传统节日中的不同体现。

再者，微信红包改变了传统春节红包的传播方式。对传播对象的身份、年龄和辈分都不做限定，只要是用户微信群里的好友都可以成为红包的发放对象。相应地，群里的任何用户都是潜在的红包传播者。这更体现了新时代所倡导的民主和平等观念，在抢红包的狂欢中，只要参与就有机会获得红包，不再是晚辈被动地等待长辈施予的单向传播。

一个社交软件的新功能可以点燃全民的参与热情，这让人不得不感叹科技发展给群众生活方式带来的变化。微信红包的狂热既是群众对传统习俗的认可，也是群众以新的方式对传统习俗的一种纪念。换言之，当下群众是在以自己所处时代的特殊方式进行传统节日的狂欢，传统节日中鲜明的时代色彩正是人们对传统的创新和发展。

### 五、微信红包对群众文化中人际关系的影响

随着手机智能软件和社交媒体不断发展，微信红包应时而生。微信红包的火热使其逐渐以社交手段的身份更广地进入人际传播。如今，很多人已经习惯了用微信红包来表达感情、维系关系。而2016年猴年春晚微信红包的引爆再次证明了如今微信用户使用红包的高频度及广泛性。

作为社交媒体新功能的微信红包对于群众人际的具体影响为笔者提供的一定理论基础和相关思路，本章以微信红包功能的特点为着手点，结合调查问卷的相关数据，试图就微信红包对于群众人际传播和人际关系的影响加以论述和探究。

### (一) 使用与满足群众人际交往理论、符号、需求与微信红包

E. 卡茨认为，受众通过对媒介的积极作用，从而制约着媒介传播的过程，并指出使用媒介完全基于个人需求和愿望。受众成员是有着特定需求的个人，把他们的媒介接触活动看作基于特定的需求动机来"使用"媒介，从而使这些需求得到满足的过程。微信红包在满足微信广泛使用和受众心理需求的条件下，实现了火爆发展，

使受众在媒介的使用过程中心理需求得到满足。

从使用与满足理论出发，微信红包把握住了受众的需求，并针对受众需求制订两种不同的游戏程序，即红包的派发方式。一是普通等额红包，二是拼手气群发红包。相比第一种，第二种方式则增加了微信红包的游戏性和娱乐性。在这个抢发红包的过程中，受众利用微信红包这一平台，通过微信群红包的派送和争抢，满足了自己渴望抢到红包的需求，同时也向自己的好伙伴派送红包，达到了加强沟通的目的。

从符号学角度分析，人与人之间信息的传递需要以符号为媒介，从而达到信息的共享和人际关系的互动，无论从米德的人际交往相互影响模式，还是从符号互动理论分析，微信红包的整个传递过程都体现了符号的多样化对人际关系影响的多元化。在微信红包的收发过程中，受众除了简单发送红包，也可以在发送红包时添加祝福的话语，发送红包后配发微信表情传递状态，也可以通过微信语音聊天来表述自己的心情，以此寻求更密切的联系。群众人际关系在微信红包的互动中，以红包为纽带，夹杂各种符号的综合运用，从而实现群众人际互动方式的多元化。多种符号的运用避免了单调性，各种符号的互动和综合运用增强人际沟通的效果，营造了活跃的对话场景，带动人际交流的持续性和新鲜性。

马斯洛需求层次理论认为，人的需求存在一个从低到高发展的五个层次：最低层次的需求是生理需求，依次向上是安全需求、社交需求、尊重需求和自我实现的需求。在微信红包中，受众首先是满足自己的社交需求，在微信群中，圈内好友通过微信红包达到互相交流的目的；其次，好友通过红包的发放、发言、互动、自我形象构建等社交行为增强与其他好友之间的联系，能够建立起自己在微信中的虚拟形象并取得他人的认可和尊重，这些行为能够满足群众获得尊重、自我实现的心理需求。

### （二）微信红包对群众人际关系新功能的分析

群众人际传播在建立和培养个体身体、心理健康、人际关系和社会和谐方面发挥着重要作用。群众人际关系依赖于人际传播得以建立和发展。微信红包以鲜明的特点出现在人们的微信社交中，对人际传播造成了一定影响，必然会进一步对人际关系发生作用。微信圈中的红包游戏，带动了微信群的热闹气氛，能够建立微信群的都是一个相对的熟人社区，由红包带来的群内互动则加强了群内人员之间的交流，熟人社区更加亲密，对人际关系有明显的促进作用。笔者将从六个方面分析微信红包对人际关系的影响。

### 1. 微信红包重构群众人际关系

传统意义上的红包发放是长辈给晚辈，但在微信红包游戏中，每个人可以向任何人发送红包，而且可以返发红包，在红包发放过程中，平辈之间、辈分相差人之间都可以相互发放红包，而不会受到非议，这样在原有的社会等级关系上，群众的人际关系在微信红包发放中被重构了。在微信红包中，卸去了现实环境中红包带来的情感包袱，解构传统人情世故的人情关系，重构平等的人际关系。

### 2. 微信红包强化群众人际关系

微信红包的发放首先是在熟人社区中开始的，每一个微信群都是建立在熟人社区基础上的。通过微信红包游戏的发放和争抢，增加了圈内好友的互动，特别是争抢红包和分享红包的过程，每个人都会在群内"晒一晒"自己的收获或者"失落"，群众人际关系在这个过程中得以强化。当受众的心理需求和娱乐需求得到满足后，很多人便倾向于表达这种喜悦，特别是在一个相对熟知的环境中，在个人意见表达的同时，希望圈内好友能够给出回应，微信红包正好迎合了受众的这种交际表达心理，成为圈内具有相同需求的人的交流共识。

### 3. 微信红包扩散群众人际关系

微信红包快速传播，影响到每一个玩微信的人。受众会有若干微信群，群主作为一个牵头人，可以把两个或者更多的微信群串联起来，从而达到微信红包和人际脉络的扩散，从众心理也是微信红包扩散较快的原因。扩散的过程也是人际关系发展的过程。红包的派送对象从同事、朋友、同学再到单位、组织，一级一级地扩展，很多有意结识朋友的用户就会留意微信红包群中的信息，达到自己的结交目的。

### 4. 微信红包维护群众人际关系

当人们在发放这种红包时，查看朋友列表，选择特定的发放对象，本就在熟人社区的基础上，微信红包再一次使人际现实关系向微信空间延伸。微信红包作为人际关系连接的纽带，既可以带动线上微信红包的发送，受众之间的互动，也可以让线下的人际关系更加熟悉起来，通过线上线下的联动，群众人际关系的维护得到保证。

### 5. 微信红包娱乐群众人际关系

在新媒体环境下，娱乐功能更加凸显。微信红包本身就是一种游戏，带有一定的娱乐色彩，给受众过年增加喜庆和欢乐。受众在收发红包的过程中得到心理和娱乐满足，圈内好友互动时也会把这种娱乐带给大家。而且娱乐性也体现在我们发送微信红包时可以结合文字、语音等，调侃发送对象。

6. 微信红包疏远群众人际关系

微信红包作为人际传播中的主要手段，在日常互动时，若总是忽略了深层互动，便使得传播向浅层靠拢，长久必然会疏远人际关系。

借助微信红包这个新交流工具，群众的交流方式又丰富起来，微信红包通过线上的红包发放和争抢带动群内互动，从而作用于线下人际关系，让虚拟人际关系真实化，真实人际关系强化。熟人社区的巩固，新群体的诞生，再到新群体成为熟人社区，微信红包这种扩展对群众人际关系的发展作用明显，最终必将形成人际关系的新态。

（三）思考与总结

虽然新兴媒体不断出现，媒介成为人与人之间联系的不可或缺的桥梁，但人毕竟是社会的人，不是媒介的人，虚拟环境中的人际关系不可能取代现实环境中的人际关系，它只是现实环境中人际关系的补充和加强。麦克卢汉虽然认为任何媒介都是人的任何延伸，但也说到人要"从自恋和麻木状态中惊醒过来"，清晰认识媒介的影响，按照自己的意愿决定媒介的发展方向。

新媒介的不断出现丰富了群众的人际关系交往的方式，给人际关系的交流带来诸多方便，也进一步加强了群众人际关系的交流和互动。随着微信和微信红包的使用量不断增加，微信红包也将成为社交新态，它对熟人社区和新关系链条的影响会更加凸显，一方面受众要加强原有熟人社区的关系，另一方面也要拓展新关系链条，进一步满足自我实现的需求。

六、结语

微信红包是传统文化与现代技术融合的产物，其丰富了中国的传统节日文化，具有互动性、娱乐性、便捷性等特征。如今的微信红包满足了使用者的心理需求，已经对群众的生活方式、交往方式产生了巨大的影响。微信红包的火热既是群众对传统习俗的认可，也是群众以新的方式对传统习俗的一种纪念。

群众借助网络表达节日情感，这种变化起初是偶然的，但明显的使用效果和传播优势，使其迅速被接受、被传播，甚至被固化成一种年俗，之后的使用便是群众自觉选择的结果。

微信红包作为微信平台推出的新型功能，在用户具体使用的过程中呈现出了各种各样的新特点，从而不同于以往的红包文化。在此基础上对人际传播产生了一定的影响，使其频次增加，符号趋于多元化并对现实交流和虚拟交流之间的牵引关系形成了一定的改变。由此带来人际关系的巩固和拓宽，但由于其娱乐化倾向，如果使用过度，也会给人际关系带来一定的负面影响。作为社交形态，微信红包对于人际的影响仍在随着用户的使用情况的不断变化而发生着改变，如何使用微信红包，使其更多地发挥人际方面的积极作用，这值得继续探讨。

# 第十二章
# 社交网络技术创造的群众文化载体
## ——以微博为例

社交网络技术是指满足群众在虚拟现实中的社交需要，围绕社交网络技术有许多值得探讨的问题，以微博为例进行相关说明。随着微博用户的日益增多，微博对中国社会文化和政治话语的影响力日益增强。微博不仅引领和创造网络新话语，更重要的是微博舆论逐渐引起了各级政府部门的重视，大量的政府机构、政府官员纷纷入驻微博，政务微博成为政府发布信息、了解民意、汇集民智和官民沟通互动的重要平台。本章将通过对微博文化的分析，来论述微博文化对网络新话语和舆论的影响。

微博背靠新浪网、腾讯网等老牌且强劲的国内知名网媒，所以媒体优势得天独厚。换句话说，单从基因比较，微博的媒体基因就比推特（Twitter）来得更深一些。另一方面，微博的出现，让国内网民拥有了一个可以独立自主且相对自由的发声渠道，许多一手新闻甚至猛料均来自草根。在国内监管较为严格的媒体环境之下，微博这个属性显得弥足珍贵。

## 一、社交网络技术及微博的相关概念

### （一）相关概念

### 1. 社交网络的概念

社交网络即社交网络服务，源自英文 SNS（social network service）的翻译，中文直译为社会性网络服务或社会化网络服务，意译为社交网络服务。

中文的网络含义包括硬件、软件、服务及应用，由于四字构成的词组更符合中国人的构词习惯，因此人们习惯上用社交网络来指代 SNS（social network service）。其主要作用是为一群拥有相同兴趣与活动的人创建社区服务，这类服务往往是基于互联网，为用户提供各种联系、交流的交互通道，为信息的交流与分享提供了新的途径。

社交网络源自网络社交，网络社交的起点是电子邮件。互联网本质上就是计算机之间的联网，早期的 E-mail 解决了远程的邮件传输问题，至今它也是互联网上最普及的应用，同时它也是网络社交的起点。论坛则更进了一步，把"群发"和"转发"常态化，理论上实现了向所有人发布信息并讨论话题的功能（疆界是论坛的访问者数量）。推进了点对面交流成本的降低。

2. 微博的概念

微博，即微型博客（MicroBlog）的简称，也是博客的一种，是一种通过关注机制分享简短实时信息的广播式的社交网络平台。

微博是一个基于用户关系信息分享、传播及获取的平台。用户可以通过 WEB、WAP 等各种客户端组建个人社区，以 140 字（包括标点符号）的文字更新信息，并实现即时分享。微博的关注机制分为可单向、可双向两种。微博作为一种分享和交流平台，其更注重时效性和随意性。微博客更能表达出每时每刻的思想和最新动态，而博客则更偏重于梳理自己在一段时间内的所见、所闻、所感。2014 年 3 月 27 日晚间，在中国微博领域一枝独秀的新浪微博宣布改名为"微博"，并推出了新的 Logo 标识，新浪色彩逐步淡化。

微博包括新浪微博、腾讯微博、网易微博、搜狐微博等，但若没有特别说明，微博就是指新浪微博。

（二）微博特征

微博有 140 个字的长度限制，以英文为例，一个英文单词加上空格平均也要五六个字符，而中文以双字词为主流，这样每条推特（Twitter）能够传达的信息量，就只有一条中文微博的 1/3 左右。如果用信息密度更低的语言（比如西班牙语）写微博，所传达的信息量就更少了。

1. 便捷性

微博提供了这样一个平台，既可以作为观众，在微博上浏览感兴趣的信息，也可以作为发布者，在微博上发布内容供别人浏览。发布的内容一般较短，通常为 140 字的限制，微博由此得名。也可以发布图片、分享视频等。微博最大的特点就是发布信息快速，信息传播的速度快。例如你有 200 万听众（粉丝），发布的信息会在瞬间传播给 200 万人。

首先，相对于强调版面布置的博客来说，微博的内容只是由简单的只言片语组成，从这个角度来说，对用户的技术要求门槛很低，而且在语言的编排组织上，没有博客那么高。其次，微博开通的多种 API 使得大量的用户可以通过手机、网络等方式来即时更新自己的个人信息。微博网站即时通讯功能非常强大，通过 QQ 和 MSN 直接书写，在有网络的地方，只要有手机也可即时更新自己的内容，哪怕就在事发现场。类似于一些大的突发事件或引起全球关注的大事，如果有人在场，并利用各种手段在微博上发表出来，其实时性、现场感以及快捷性，甚至超过所有媒体。

2. 背对脸

与博客上面对面的表现不同，微博上是背对脸的交流，就好比你在电脑前打游戏，路过的人从背后看着你怎么玩，而你并不需要主动和背后的人交流。可以一点对多点，也可以点对点。当你追随一个自己感兴趣的人时，两三天就会上瘾。移动终端提供的便利性和多媒体化，使得微博用户体验的黏性越来越强。

3. 原创性

在微博上，140 字的限制使编写内部更加轻松、简便，这一点导致大量原创内容爆发性地被生产出来。李松博士认为，微博的出现具有划时代的意义，真正标志着个人互联网时代的到来。博客的出现，已经将互联网上的社会化媒体推进了一大步，公众人物纷纷开始建立自己的网上形象。然而，博客上的形象仍然是化妆后的表演，博文的创作需要考虑完整的逻辑，这样大的工作量对于博客作者成为很重的负担。"沉默的大多数"在微博上找到了展示自己的舞台。

4. 草根性

微博草根性更强，且广泛分布在桌面、浏览器和移动终端等多个平台上，有多种商业模式并存，或形成多个垂直细分领域的可能。但无论哪种商业模式，都离不开用户体验的特性和基本功能。信息获取具有很强的自主性、选择性。用户可以根据自己的兴趣偏好，依据对方发布内容的类别与质量，来选择是否"关注"某用户，并可以对所有"关注"的用户群进行分类。微博宣传的影响力具有很大弹性，与内容质量高度相关，其影响力基于用户现有的被"关注"的数量。用户发布信息的吸引力、新闻性越强，对该用户感兴趣、关注该用户的人数也越多，影响力越大。因此只有拥有更多高质量的粉丝，才能让微博被更多人关注。此外，微博平台本身的认证及推荐也有助于增加被"关注"的数量。微博的内容限定为 140 字，内容简短，不需长篇大论，门槛较低，信息共享便捷迅速。可以通过各种连接网络的平台，在任何时间、任何地点即时发布信息，其信息发布速度远远超过传统纸媒及网络媒体的速度。

**二、微博促进群众文化的个性化与多元化**

社交网络技术创造的文化载体——微博，实际上是一个大众网络交往平台，个体可以在上面自由发表言论、图片及视频讯息等与公众共享，这些讯息往往带有极强的个人特征，具有丰富的创造性，属于自我形象展示的一种方式。关注功能可以将互不认识的主体连接起来，倘若某一博主发表了自己喜欢的东西在微博上，而另一博主对其发表的东西非常感兴趣，就可以即时关注，以获取更为全面的信息，如此即形成了一个庞大的群体；评论功能可以使公众除了看到信息之外，还可以发表自己的意见，增强了微博主体参与程度，对于同一事件不同人持有不同看法，多种思想因此得以汇聚碰撞；转发功能使同一话题能够迅速被越来越多的人看见，信息传播范围增大，一些有创意、有深度、能引起公众共鸣的东西通过转发往往能够进入越来越多人的视野中，打破时空限制。

微博作为社交网络技术的杰出代表，通过相应的功能，满足个体在虚拟网络中的交往需要。微博有言论、图片、视频、评论、转发、关注、标签的功能，以微博为代表的社交网络技术促进了观念文化、法律文化等的多元化发展，不同阶层、不同年龄、不同性别、不同职业的微博主体可以利用微博自由发表个人意见，网络思想和外延变得更加开阔，文化在求同存异之中增强了融合性，在规范之中定然会绽放多元光彩。

### 三、社交网络对群众生活的影响

现如今，社交网络已然成了我们生活中的一部分。除了可以方便群众交流、满足娱乐需求等显而易见的作用，还有一些影响无时无刻不在悄悄延伸着。微博作为一种新兴起的网络传播方式，以草根性的特点迅速在民间蹿红，并为参与共同话题的陌生人提供充分互动的话语平台。

#### （一）微博对群众生活方式的影响

微博的开通有助于群众扩大社交范围，形成固定的社交圈。例如，因为手机关联了微博，群众可以在休闲时随时摸出手机发微博。大家身处各地，随便在微博上说一句话，发一句感慨，上传一张照片或者一段视频，所有关注的人都能看得到，因此，这种方式为人们结交志趣相投的朋友提供了便利。

微博改变了群众对于信息的获取、传播、交流方式，拓宽了信息来源渠道。博客说大事，微博讲小事，已成为当下不少年轻人的网络生活方式。微博可以用一两句话表达人们的感触，不用再因没有大段时间来写感触而苦恼。同时，这也一定程度上改变了群众的思维及表达习惯。

（二）微博给予群众的能量

在突发事件下，真实的信息对于应对解决突发事件具有重要意义。2011 年 7 月发生了动车碰撞事故。北京开往福州的 D301 次列车与杭州开往福州的 D3115 次列车在南温铁路温州段发生追尾事故，引起重大交通事故，造成 35 人死亡，192 人受伤，事故发生后 13 分钟，乘坐 D301 次列车的微博用户通过手机微博发布了有关这次事故的第一条信息："求救！动车 D301 现状脱轨在距离温州南站不远处，现在车厢里孩子的哭声一片，没有一个工作人员出来，快点救我们！"随后这条微博被广大用户转发，成为适时了解事故情况的重要渠道。

在各个社交网络服务平台中，信息以难以置信的速度在传播，这就使人们可以更加快速有效地了解这个世界的其他角落所发生的事情，从而引起群众的共鸣，唤醒群众的正义感。通过社交网络，人们凝聚爱心，发动起群众的力量，让失踪的孩子重新回到家人身边。通过社交网络，人们揭露腐败，让强权者不得不考虑舆论、有所忌惮。这种正能量的传播，可以凝聚群众的力量，可以推动社会的稳定、和谐发展。

尽管网络社交有诸多好处，但这种社交方式比之真正的社交少了太多乐趣。群众不可能通过网络实现和家人团聚而共享天伦，群众也不可能通过网络实现与亲朋举杯畅饮。因此，社交是不可能被网络社交取代的。把握好尺度，不沉迷其中，不能让社交网络影响了真正的社交，这是我们应警觉的。而随着社交网络的发展，相信它将会对我们生活的各个方面产生越来越多的积极影响，从而长久地发展下去。

**四、社交网络技术的文化危机**

社交网络技术，特别是微博，在对文化的各个层面产生积极影响的同时也带来了许多负面影响，从而引起了各种文化危机。

（一）群众复制微博的信息所导致的知识产权危机

知识产权是指通过智力劳动创造出来的成果的所有权。对知识产权的保护有利于激发作者知识创造的积极性，从而促进知识的积累与进步。反之，对知识产权的侵犯不仅会损害所有者的权益，也不利于伦理道德的建设。微博作为群众日常信息传播的有力渠道，在扩大群众视野、丰富群众生活的同时，也存在着知识产权危机。这种危机出现的主要原因是微博复制文化的盛行。

所谓复制文化指的就是直接将他人的原创微博不署名地进行复制以个人名义发

布。这种复制行为属于标准的抄袭，严重侵害了原创作者的知识产权。正如华东政法大学教授王迁所说："是作品就受保护，跟在哪个媒体上首发没有关系，微博上首发的作品与报纸杂志上首发的在受保护这点上没有区别。"可见，一旦构成受著作权保护的作品，就意味着任何人使用它都要经过作者许可，如果未经许可，也不支付报酬就直接复制使用，就有侵权之嫌。然而，在微博的发展过程中，这种复制现象却屡见不鲜，而且有越演越烈之势。2011 年 8 月，新华每日电讯报道："在微博这个分享平台上，复制不转发的用户们忠实履行着'分享'的义务，如同完成任务一般，复制与粘贴，拿来与占有，成了这个时代文化的特征和痼疾。我们本可以让新的传播技术为新的文化创造服务，却不觉间沦为了技术的奴仆。"

因此，复制文化现象应引起广大群众的重视，因为这一现象导致的知识产权危机已经严重伤害了创作者的创造热情，如果没有对知识产权的保护，那么原创信息就会失去其应有的价值，知识的进步也就成为不可能的事情。这就侧面影响了群众对新媒体的应用，同时弱化了群众对文化学习的热忱。

（二）群众对微博过度依赖导致群众的思想异化

在今天，社交网络技术的出现，特别是微博的出现可以说使人的异化问题越加普遍和严重。因为它正促使群众越来越依赖于这个技术化、形式化、中介化的媒体，群众对微博的过度依赖在本质上加重了技术对人的控制，人在很大程度上沦为了技术的奴隶，从而导致了人的主体性的丧失，影响了群众的文化素养。主要体现为人的主动思维能力弱化、人在现实生活中的社交能力降低、思想独立性的削减等。其中，人的主动思维能力弱化的原因在于群众遇到问题时往往求助于网络，虽然这种求助使群众获得信息更加方便也更加快捷，但这在一定程度上降低了群众主动思维的能力。另外，群众往往通过网络进行娱乐交友，但这种交友活动只存在于虚拟的空间，在虚拟空间里，人只是数学化或符号化的存在，长期沉溺于网络不仅会使人更加孤独，而且会造成现实中人际关系的淡漠。此外，社交网络技术会削减人的思想独立性，这是因为网络话语权的存在。特别是在微博中，一些明星和社会名流占有很强的话语权，他们的思想拥有极大的社会影响力，往往一呼百应，对群众的思想进行着清洗和控制，慢慢侵蚀着群众思想的独立性。

（三）信息的碎片化导致群众思想碎片化

"微"文化产品的另一个副作用是逻辑思维的"被碎片化"导致的思维能力弱化。虽然文化产品的思想文化含量并非取决于其规模或篇幅的大小，但以"微"文化产品如此"迷你"的体量,要承载起汹涌磅礴的文化内涵和精神力量却几乎是不可能的。当我们尽情陶醉于它带来的短暂快感时,很难再就某一人、某一事进行一探到底的研究和追问。于是,完整的、有纵深感的知识体系也就难以形成,系统的、层层递进的逻辑思维也便搁于浅滩。对于一个国家或者民族来说,这样的文化产品即使再多,也只是如细沙堆积。而探求与追问精神的缺失,则会最终将我们引入迷失自我的无限苍茫。

碎片化信息固然有轻、快的传播优势,碎片化阅读固然能节省大量时间,尽可能多地接收有价值的信息,但从长远看来,不适应人类文化语言和思维的良性发展。碎片化的文字往往只表达字面上的意思,较之系统表达更不容易被人知觉、记忆。碎片化的传播弱化了深入思维的能力,削弱了思维的逻辑性和连贯性,代之以思维的跳跃性和碎片化发展。

总之,信息碎片化的趋势不可逆转。也因此导致了群众思想的碎片化。比如,在一些重大事件中,微博有限的表达能力使受众不得不从破碎的话语中拼凑出事件的整体轮廓和前后逻辑,这大大加大了他们了解事实真相的难度。而且,当零散的信息占据了群众的生活,受众沦陷于无意义的语境中时,群众的理性思考能力,思维的连贯性和逻辑性被不由自主地削弱,社会生活也在浅尝辄止的零碎中变得浮躁。

因此,信息的碎片化问题值得我们关注,因为由它带来的群众的思维的简单化、被动思维及理性思考的缺失正在侵蚀着群众的心灵。

（四）虚假信息导致群众之间的信任危机

现代社会随着科技的进步,信息传播速度加快,公共危机事件不再独立于我们的生活之外,而是成为生活的一部分。

微博作为信息传递的新渠道,一方面为公共提供了及时的信息,但另一方面其虚假信息的存在及其传播也使微博产生了信任危机,为群众的生活带来了不良影响,甚至给社会带来了负面影响。如2013年3月新浪微博人士爆料六小龄童去世的假消息,微博原文如下:"北京时间3月12日消息,在83版《西游记》中扮演孙悟空的演员六小龄童（章金莱）,3月12日早上八点半病逝于浙江绍兴慈济医院,享年53岁。如果他给你的童年带去了无数欢乐,如果你觉得他是无可超越的经典,请默默转发,让更多人祝愿猴哥,伴随我们成长的偶像一路走好!"消息一出现便成为当天最热门的话题之一,引起了巨大的轰动。这条爆炸性消息迅速在微博及各大互动网络上疯传,但是该消息却被证实是假消息。

微博中虚假信息及虚假新闻存在的原因是多方面的。在信息的反映过程、传输过程和理解过程中，都有可能造成信息的失真。在这里我们指微博用户在对新闻信息的接收过程中发生的信息失真现象，信息接受者由于各种原因产生对信息本意理解上的误差，致使信息在微博传播过程中偏离客观事物的真实状况，受众对新闻议题的关注发生转向、偏离，甚至造成对新闻事实本身的误解。因为网络消除了地域与身份的障碍，每个人都可以在网络上借用虚拟身份发表自己的观点，没有任何约束，不需要加工整理。但也因为这样，其可靠程度不免会打上折扣。在另一方面给社会带来了前所未有的影响，也使群众之间的信任产生危机，影响了群众文化的不良发展。

### 五、应对文化危机的对策分析

在碎片化传播语境之下，微博因其特性顺应时代的要求，深刻地改变了社会传播的面貌，使社会传播不再仅仅以人际传播和大众传播的形态延伸。其跨媒体和低门槛的技术特性，背对脸式的用户关系和裂变式信息传播方式，极大限度地扩张了传播范围、提高了传播效率、优化了传播效果。同时，优势也带来问题。强大的自主性和传播力，"圈禁"了群众的认知，使不良信息泛滥，弱化了人类思维的连续性，压制了群体外的声音。但只要对症下药，顺应碎片化语境的要求，利用好"意见领袖"、传播节点，构建公平的辩论平台，就能扬长避短，进一步挖掘微博的优势价值。

美国著名媒介理论专家、媒介评论家和公共知识分子尼尔·波斯曼曾在媒介环境学会成立大会上提出一个问题：新媒介在多大程度上能够使人获得更多有意义的信息？本人认为这一问题的提出具有相当的价值。因为从本章来看，新媒介如果不能为我们提供有意义的信息，那么这一新媒介存在的价值就会很小。对于微博来说也是如此，如果微博不断为公众提供无聊的垃圾信息或者虚假信息，甚至导致人的思想的异化和思想的碎片化，那么这时我们就要思考解决这些问题的对策了。笔者认为，要解决微博引起的文化危机必须多管齐下，只有这样，才能形成良好的微博文化，促进科技与人文，包括与群众文化的协调发展。

#### （一）传统媒体与网络媒体相结合

相对于微博而言，传统媒体具有无可比拟的深度性和权威性，因此在网络上，传统媒体的功能核心已经开始由信息传播向舆论引导转移。一方面，微博网站与传统媒体之间应形成互补合作，彼此融合，在一定程度上可以遏制微博中虚假信息的流传，补充微博中传统媒体的"缺位"；另一方面，传统媒体也可以从微博中寻找新闻线索，并进行深入挖掘报道。传统媒体作为政府喉舌更应强化其监控职能，对微博中所传递的信息加以理性甄别，去伪求真，为自我立场的选择和对事件跟进报道与否提供依据，营造良好的媒体生态。

（二）有效发挥微博时代"意见领袖"的作用

名人微博实际上在微博中扮演着意见领袖的角色。名人微博拥有相当数量的粉丝，他们发布的消息很容易引起大家的关注，形成舆论探讨平台。他们评论或转发信息，可以迅速将这个消息中的事件推至舆论中心，有时还可以设置舆论议题，引导公共舆论议题的走向。尤其在事件真相不明、谣言四起、舆论一边倒的情况下，"意见领袖"所代表的正确舆论导向，可以辨明事实真相，遏制谣言，引导受众到正确舆论导向上。在当下微博有些信息失真的情况下，名人"意见领袖"要以身作则，严格自律，发挥舆论导向的作用，重构思想中心。

（三）加强微博信息监管

微博系统可以尝试随时监测关键字在微博中出现的情况，及时屏蔽或删除虚假、庸俗、色情的信息内容。同时，信息监管要把握好"度"，既要避免因监管过度用户弃之不用，使微博丧失了公众舆论表达的功能，也要避免监管不力，使微博各种问题现象丛生，混乱受众的视听。2011 年 12 月 16 日北京施行《北京市微博客发展管理若干规定》，要求任何组织或者个人注册微博客账号，都应当使用真实身份信息。即微博实行实名制。随后在 12 月 26 日，上海开始试行微博新增账户以真实身份信息注册的举动。虽然，2012 年，新浪等几大门户网站微博都声明将实行实名制，未进行实名认证的微博用户只能浏览，不能发送微博和转发微博。虽然机制不够成熟，操作实施的难度较大，但这个意图是好的，方向是正确的。实名制的实行，网民发布、转载和评论等就会有所顾忌，让群众在享受言论自由权利时，为自己的言论负责，可在一定程度上减少谣言和虚假庸俗信息的滋生与传播。

同时，网站要加大曝光力度，公布处罚体系。特别是针对那些制造谣言或者侵犯微博版权的微博用户不仅仅通过辟谣或道歉的形式一笔带过，而应建立起责任追究制度，加大查处力度。建立微博审查制度，这是规范微博传播秩序的另一有效方法。微博运营商要加强对微博图片和跟帖的编辑审查，一旦发现微博中有不适合发表的内容，如色情、暴力、反动言论等，应立即转入后台并及时通知微博主人予以删除。

### （四）提高受众媒介素养

在微博这样一个虚拟环境中，要营造一个和谐的网络环境，不仅需要微博网站的监管，更需要用户自身提高媒介素养，加强自律。媒介素养就是受众对媒介信息的获取、分析、评价及批判性接收、传输各种形式信息的能力。提高微博用户的媒介素养，不仅能够自觉地约束受众的微博传播行为，而且还能更好地识别和抵御微博上的各种虚假、失真、琐碎和庸俗的信息。微博用户要理性参与公共事务，理智对待微博，以建设性态度参与微博，提高自己的媒介素养。另一方面，微博用户及网民应与政府积极配合，加强自律，客服从众心理和盲目崇拜，文明上网，为建设文明的网络环境担当责任。

从博客到微博，虽然自律的概念不断被提出，但目前还没有形成规范的体系，各微博网站对用户提供服务的格式合同只是对微博道德规范有所触及。譬如，新浪微博的网友自律公约：网友发言要文明、理智、反映客观事实；网友可积极参与举报不良信息，共同营造文明氛围；网友发布内容不辱骂他人，不进行人身攻击等，不传谣、不造谣，对所有传播信息负责。只有这样，每个用户才会懂得甄别信息，明白如何传播有价值的信息。正如面对现实世界的"垃圾围城"，不能仅仅依靠技术解决问题，还要靠每个公民养成的好习惯，要在虚拟的网络世界建立一个平衡的媒介即文化环境，还要每个网络群众对言论行为进行自我约束，维护微博和谐，使微博演绎成一股良性的公民力量，推动技术与文化互动和谐发展。

### 六、结语

在信息化的今天，微博在人们生活中的作用越来越大，可以说微博的出现发展是适应时代的变化的，是一种顺应时代发展潮流的新事物。微博正在改变人们的生活方式，使我们的生活更加的方便、更加的丰富多彩。具体表现在对人们的衣食住行的影响，以及微博问政，微博打拐，微博随手拍、随手传，在信息化的今天，微博在人们生活中的作用越来越大。大学生是微博的使用群体之一，在微博中的话题沟通相对容易能够引起良好的互动。每个微博成员可通过此使自身拥有良好的人格品质、养成科学的生活方式从而在面临压力挫折时有进行自我心理调节的能力，保持浓厚的学习求知欲望，保持乐观的情绪和良好的心境，对未来充满信息和希望。

生活的发展速度影响着微博，微博也在无形之中影响着群众的生活。笔者将其简称为"微薄"之力，人们都知道力的作用是相互的，因此微博的发展有利的一面也有弊的一面，但总的来说利大于弊。微博简单易用、门槛低，并有着广泛的群众基础。微博内容的传播具有即时性。它便捷、开放，互动性和群聚性强。以雅安大地震为例。在通信中断的情况下，群众第一时间通过微博发送信息，灾区人们通过微博而获取物质运输的信息，许多外界人士也通过发微博进行募捐及表达自己的心情，在短短几个小时中关于雅安地震的消息已经转发将近几十万条。微博改变了群众对于信息的获取、传播、交流方式，也拓宽了信息来源渠道。微博已经成为群众的网络生活新方式，现场记录、发发感慨、分享心情……而且更重要的是可以随时随地借手机网络表达、更新、传播等。微博可以用一两句话表达人们的感觉，改变了群众的思维及表达习惯。群众通过关注自己感兴趣的话题，浏览自己感兴趣的知识，拓宽了知识面，增长了见识。因此微博的开通有利于群众扩大社交范围以形成固定的社交圈。

凡事都应该以辩证的、客观的态度去看待。对待我们现在所面临的"微革命"也是如此。微博促进了群众对某些社会事件的关注，引起了执政者的高度重视从而促进问题的最终决定。同时也应该看到一些负面的、低俗的及虚假的信息同样在充斥着这场"微革命"。俗话说"好事不出门，坏事传千里"。

应该从以下两个方面去努力：第一，提高群众的网络道德意识。提高群众的网络道德意识是我们"净化"网络，让微博真正成为一个为人们生活服务的平台的根本途径。第二，把握微博发展的方向。凡事人们都应该以发展的观点去看待问题，正确地看待并引导微博的发展。例如微博后台实行实名制等逐步强化群众在网络上的责任意识是微博发展的必经阶段。"微革命"已然到来，如何正确地看待、引导好这场革命来为群众的生活服务是我们应该认真思考的。微博在生活中有着不可替代的作用。如果按照正确的方式去发展，它将成为一个改变群众生活方式的不可或缺的平台。

# 第五部分
# 新媒体时代非物质文化遗产的研究

非物质文化遗产，是相对于有形遗产即可传承的物质遗产而言。非物质文化遗产也就是人类的精神文化遗产，民族民间的文化遗产，与物质文化遗产密不可分。

《保护非物质文化遗产公约》定义：非物质文化遗产是指被各群体、团体或个人视为其文化遗产组成部分的各种社会实践、表演、表现形式、知识、技能及相关的工具、实物、手工艺品和文化场所等。这种非物质文化遗产世代相传，在各社区和群体适应周围环境以及与自然和历史的互动中，被不断地再创造，为这些社区和群体提供持续的认同感，从而增强对文化多样性和人类创造力的尊重。

我国拥有大量的非物质文化遗产，但是由于众多原因，我国非物质文化遗产失传了许多，或有的正面临失传的险境。在世界经济一体化和现代化进程快速发展的今天，非物质文化遗产社会存在的基础日渐狭窄，现代生活方式对它的消解，以及灾害性破坏，传统技艺濒临灭绝，后继乏人，民族记忆淡化，加上相关的法律、法规建设滞后，地方法规、政策空缺，商业化，引资开发的挤压，更加速了文化遗产的丧失，这种严峻的挑战更需人们下大力气加以关注和保护。

在信息化高度发达的今天，新媒体扮演着越来越重要的角色，而文化的传承则是它的一个重要功能。当前我国的新媒体对于非物质文化遗产的保护有了一定程度的关注，但是仍然存在很大的改进空间。事实上，各种新媒体完全可以利用自身的特点，发挥自己的优势，通过不同的方式传播保护非物质文化遗产的观念，增强保护非物质文化遗产的意识，形成保护非物质文化遗产的氛围。如传统媒体，报纸可以利用信息容量大的优势详细介绍非物质文化遗产的渊源、背景及相关的知识；影视媒体则可以利用自己视听结合的优势发挥视觉冲击的力量，将非物质文化遗产用抽象的文字变成直观的视听感受，从而加深非物质文化遗产在人们心目当中的印象，引发人们的保护欲望。而作为新兴媒体的网络则具备上述几种媒体的共同优势，在非物质文化遗产的保护当中，当仁不让地成为一股坚实的力量。

本部分包括三章。第十三章阐述了非物质文化遗产的传承与保护，从非物质文化遗产的概述为切入点，叙述非物质文化遗产的重要价值及保护的重要意义，分析非遗产的保护措施及创新发展的必要。第十四章阐述了新媒体技术在非物质文化遗产中的突破与思考，从非物质文化遗产所面临的现实问题出发，逐一给予解决。第十五章论述了新媒体技术在非物质文化遗产保护中的应用现状，为进一步研究该课题打下了基础。

# 第十三章 非物质文化遗产传承与保护

　　保护好非物质文化遗产是发展现代民族文化的基本要件，也是我国对世界非物质文化的丰富和贡献。现今的非物质文化遗产的保护应当以传承为核心，传承是非物质文化遗产能够继续存在的重要方式。除此之外，在对非物质文化遗产进行保护的同时，通过举办非物质文化遗产保护成果展，向普通民众宣传其重要性，以期让非物质文化遗产的传承和保护成为每个人的使命。非物质文化遗产保护与传承具有重要的现实意义。本章叙述了非物质文化遗产的概念、重要机制、非物质文化遗产的保护措施及传承非物质文化遗产的意义。

　　中华民族之所以能屹立于世界民族之林，不仅是因为她拥有五千年悠久的历史，更重要的是因为她拥有在历史发展过程中所形成的博大精深、绚丽多姿的文化。在这异彩纷呈的文化中，非物质文化最具有传承性和时代性。它经过历代相沿而积久形成的风尚、习惯和礼仪等在历史的推移中缓慢变化与发展。这些优秀的非物质文化遗产是中华民族千秋万代传的根本，它不仅凝聚着中华民族的伟大智慧，同时也传承着中华民族的伟大精神。今天，我们正处在一个复杂的历史发展时期，经济大潮和全球范围的经济一体化来势凶猛，在这样的形式下，传统文化的"生存环境"越来越恶化，非物质文化遗产正处在险境之中，同时正在逐渐地被现代化大潮中的强势文化侵蚀着。然而，当人们重新珍视这份宝贵的文化遗产时，保护与传承已经成为每一个中华儿女肩负的历史重任。

## 一、非物质文化遗产的概述

　　根据联合国教科文组织的《保护非物质文化遗产公约》定义：非物质文化遗产（intangible cultural heritage）是指被各群体、团体或个人所视为其文化遗产组成部分的各种社会实践、表演、表现形式、知识、技能及相关的工具、实物、手工艺品和文化场所等。各个群体和团体随着其所处环境、与自然界的相互关系和历史条件的变化下不断使这种代代相传的非物质文化遗产得到创新，同时使他们自己具有一种认同感和历史感，从而促进了文化多样性和激发了人类的创造力。公约所定义的非物质文化遗产包括以下方面：①口头传统和表现形式，包括作为非物质文化遗产媒介的语言；②表演艺术；③ 社会实践、仪式、节庆活动；④有关自然界和宇宙的知识和实践；⑤传统手工艺。它拥有悠久的历史。

根据《中华人民共和国非物质文化遗产法》规定：非物质文化遗产是指各族人民世代相传并视为其文化遗产组成部分的各种传统文化表现形式，以及与传统文化表现形式相关的实物和场所。包括：①传统口头文学及作为其载体的语言；②传统美术、书法、音乐、舞蹈、戏剧、曲艺和杂技；③传统技艺、医药和历法；④传统礼仪、节庆等民俗；⑤传统体育和游艺；⑥其他非物质文化遗产。属于非物质文化遗产组成部分的实物和场所，凡属文物的，适用《中华人民共和国文物保护法》的有关规定。

## 二、非物质文化遗产的重要价值

非物质文化遗产（以下称为非遗）的传承保护与创新发展是当今全世界的一个大课题，也是我国文化领域的一个大课题，联合国教科文组织在多年前就制定了《世界文化遗产名录》与《世界非物质遗产名录》，采取各国申报制、经审议批准被正式列入并给予保护。我国国家文化部在近年出台了《国家级文化遗产名录》与《国家级非物质文化遗产名录》，各省、市、自治区与各地市，也相继出台了相配套的两个名录，采取层层申报、层层审议批准后列入名录的国家级、省市自治区及地市级的两大文化遗产，且予以保护。

非遗文化是文化中的一部分，指由人们口头传承的、没有物质载体的文化。非遗作为历史上遗留下来的精神财富，它也是整个人类文化遗产的重要组成部分。其重要价值就在于它既是一个民族文化的凝聚与精神的结晶，又是一个民族的智慧之光与智力之本。我国的非遗十分丰厚，它源远流长、博大精深，影响深远，是民族的瑰宝和国家的骄傲，既向世界显示曾经的辉煌也向世人昭示现在的伟大。

我国有许多堪称世界之最的非物质文化遗产，有的已成为绝艺，例如，国家非遗中"表演艺术"中的河北沧州舞狮、湛江醒狮、浙江奉化布龙、山西翼城锣鼓、高台花鼓、浙江永康九狮团，以及变脸、耍牙、吐火、皮影、少林棍等，都享誉世界；又如国家级非物质文化遗产"造型艺术"中，细纹刻纸、泥塑、瓷艺、吹画等，也都成为国宝，令国际惊叹。又如较著名的传统戏剧温州南戏、绍兴的绍剧等，可见，我国的非物质文化遗产的价值是无法估量的。

### 三、非物质文化遗产保护的意义

非遗因其具有的口头传承性、不可再生性、民间性、唯一性、罕见性等特点，被予以特别的保护，以便更好地传承，否则就有灭绝之灾。这正是非遗传承和保护的重要意义所在，其关系到民族文化的存亡。这绝不是危言耸听，而是一个争分夺秒的严峻的现实问题。我国传统的节日——端午节，作为节庆文化，是中华民族为纪念历史上第一位伟大的爱国诗人屈原而形成的民族传统文化，属于典型的非物质文化遗产范畴。但是令人感到遗憾的是，其被韩国抢先"申遗"成功，列为该国《世界非物质文化遗产名录》，按照谁申报、谁拥有的国际惯例，从这个例子证明了我国对非物质文化遗产传承保护的不利与缺失，也从反面证明了我们应对非物质文化遗产进行传承保护的重要意义。

（一）深远的历史意义

一个国家、一个民族，历史究竟有多长，地域有多宽，历史以来的人文状况、文化底蕴究竟有多深。我们常说古老文明，用何来体现，只有那些有标志性、有记载性的非物质文化遗产。我们都是热爱自己的国家、民族、家园的，如果不了解历史，凭什么去体现，只有凭这些留存下来的非物质文化遗产。与物质文化遗产相比较，非遗具有原始性和真实性，而物质文化遗产往往随着时代的发展出现可变性、可转化性，是不能够代表或者说明历史的。所以，保护非遗就是保护历史。

（二）传承的使用意义

非遗越是古老、越有价值，越是深奥、越是巧妙，技术性越强、工艺性就越高。许多坐落在山巅的古刹、名寺等，那些又大又粗又高的木料、石料，在古代毫无任何现代化机械设备的情况下，凭着双手是怎样开采的、运输的、雕刻的，至今仍然是谜，那些雕龙秀凤的工整、对仗、精细，颜色的鲜亮耐用等，这些显然是人类的知识、智慧的汇集。到了现代化的今天，有许多工艺技术仍然可以继续使用。对现代化的高难度现实，仍然具备着现实意义和使用价值，对于非遗，我们应积极探索，使古老遗产为当代服务。

（三）美妙的欣赏与娱乐意义

非遗中，许许多多的构思、设想、设计到制作都具备其美妙的观赏价值，美轮美奂，百看不厌，尤其是那些古代音乐和古代乐器的设计，不仅娱乐了一代又一代的古人，至今人们仍然能够享受到古风古韵的艺术味道。最值得当代人们尊崇的是目前在全国掀起的弘扬国粹高潮的京剧剧目、地方戏优秀剧目和戏曲程式化的舞台表演，集结着数代人的创作设计心血，使文场舞场巧妙结合、紧密配合。其中的"四功五法"，一点一滴都有其来历，都有其说道，令世代人不得不折服祖先们的创意意识和创作才能。总之，非物质文化遗产的意义包含十分广泛，既能代表一个国家的尊严，又能说明一个国家的水平，还能体现一个国家的综合实力和人文素质。

### 四、保护非物质文化遗产的措施

随着全球化趋势的加强和现代化进程的加快，我国的文化生态发生了巨大变化，非遗受到越来越大的冲击。一些依靠口授和行为传承的文化遗产正在不断消失，许多传统技艺濒临消亡，大量有历史、文化价值的珍贵实物与资料遭到毁弃或流失境外，随意滥用、过度开发非遗的现象时有发生。因此，加强我国非遗的保护已经刻不容缓。

（一）要有稳健的关于非物质文化遗产保护的政府战略

一个国家的凝聚力，来自其文化及民众对所属文化的认同感和自豪感。文化的充足的精神营养，应当渗透在每个公民的血液里，要达到这样的境界就必须在法治、行政、教育、宣传等多方面，使文化遗产保护的目标得以实现，政府需指定可持续执行的文化遗产战略。文化遗产是法定的概念，有自己的范畴，不是习惯上认为文化的东西都可以划入其中。由于与文化遗产相关的理念和词语近年来才开始逐渐进入到中国人的语境当中，一些理解难免流于字面，操作上也就难免有走偏的现象。因此，科研、教育、宣传的深度开展，更要纳入到政府的保护战略中去。

（二）要有健康的保护非物质文化遗产的"生态环境"

我国于 1985 年 11 月加入《世界遗产公约》，于 2004 年 8 月批准加入《保护非物质文化遗产公约》，并且是后者最早缔约的国家之一。我国认真履行了缔约的职责，调动了各方面的资源和力量投入到文化遗产事业，成绩斐然：建立了国家级的非物质文化遗产代表作名录，设置了国际非物质文化遗产研究中心，规定了国家的文化遗产日，草拟了《非物质文化遗产保护法》，媒体、大学、展演机构倾心配合，各类科研项目向其倾斜，一些地方举办了和正在举办各式论坛及文化节。最为宏大客观的应属全面铺开的各省级、市级、区县级的非物质文化遗产名单，目前列入这些名单的非遗总数在不断攀升。

在如此快速的繁荣中，我们需要理性的思考，文化遗产的保护在法律、行政、民众意识等方面的"生态环境"是否能随之顺畅而健康地形成，要使文化遗产事业有所成就，那么构成这个"生态环境"的要素，就有必要高调地阐述出来。

### 五、非物质文化遗产的创新与发展

非遗并不是文物，不仅要发现、挖掘、收藏，而且要在不断继承的基础上创新，在保护原貌的基础上发展。要与时俱进，不断创新，不断发展，使非遗的保护形成一个良好的动态过程、积极过程、主动过程、提升过程。在这方面，有许多具体工作要做，其中主要有以下几点。

#### （一）明确项目的本体特征

非遗首先要以保护、继承为主，为此就要确定保护项目的本体特征，在创新发展中必须以这些本体特征为基础，不得失去原貌，也不能走样。这其实就是文化"在继承的基础上创新"的原则。这一原则也是文学艺术的一个不可动摇的根本性原则。革命导师马克思说："人们自己创造自己的历史，但是并不是随心所欲地创造，并不是在自己选定的条件下创造，而是直接碰到的、既定的、从过去继承下来的条件下创造。"列宁也指出，如果讲到现代人所承受的遗产，那就要区别有两种遗产：一种遗产是一般启蒙者的遗产，是对改革前的一切东西采取绝对敌视态度的人们的遗产，是拥护欧洲理想和光大群众利益的人们的遗产。另一种遗产是非常错误的，因为每个人都知道，过去和现在都有一些人保存了"六十年代的传统"，并与民粹主义没有任何相同的地方。因此，我们首先要明确非物质文化遗产保护项目的本体特征。

#### （二）全面集成项目的文化传统

非物质文化遗产作为口口相传的文化，以"家传"与"师传"两种主要方式代代传承。因此对于非物质文化遗产的项目，就要花大力气，下功夫，在全面继承项目的文化传统上大做文章。要虚心拜师学艺，对保护项目的一招一式、一点一滴，都要真正学到，成为项目名副其实的新传人。

#### （三）在继承的基础上创新发展

对非物质文化的保护，也要在继承的基础上创新发展，绝不是简单的复古或守旧。德国伟大的文学家歌德说过："人们老谈学习古人，但是没有什么别的意思，只是说，要面向现实世界，设法把其表达出来，因为古人也正是写他们在其中生活的那个世界。"所以，对非物质文化遗产保护项目，要审慎与大胆、继承与创新相结合，使之在不失本体特征的前提下，更趋完善、完整、完美，成为文化精品乃至文化品牌。

综上所述，非物质文化遗产传承保护与创新发展的确是一项全方位、系列化、深层化的复杂系统工程，需要人们做更多、更细的工作，为民族文化事业的振兴作出应尽的努力与应有的贡献。

## 六、结语

近年来，各级文化馆、博物馆、科技馆、图书馆等公共文化机构积极开展对非物质文化遗产的传播和展示；教育部门将优秀的、体现民族精神与民间特色的非物质文化遗产内容编入教材；新闻出版、广播电视、互联网等媒体对非遗及其保护工作进行了大量的宣传展示、保护知识的普及，为在全社会形成保护文化遗产的共识，形成了良好的氛围。自 1988 年以来，全国已有 412 个乡镇被文化部命名为"中国民间艺术之乡""中国特色艺术之乡"。各种传统悠久、独具特色的民族民间文化活动在群众中广泛开展，许多区域性的传统民俗、节庆活动得到恢复和发展。地方政府也建立了传承人命名制度，资助各种民间艺术的传承活动和人才培养，这些都是传承、保护文化遗产的有效措施。

非遗是各族人民世代相承、与群众生活密切相关的各种传统文化表现形式和文化空间。非遗既是历史发展的见证，又是珍贵的、具有重要价值的文化资源。我国各族人民在长期生产生活实践中创造的丰富多彩的非遗，是中华民族智慧与文明的结晶，是连接民族情感的纽带和维系国家统一的基础。保护和利用好我国非遗，对落实科学发展观，实现经济社会的全面、协调、可持续发展具有重要意义。在国家内部保护非物质文化遗产，使民族独一无二的文化特性保持下去，更是一项长久而伟大的使命。

# 第十四章
# 新媒体技术在非物质文化遗产中的突破与思考

非物质文化遗产（以下简称非遗），是民族文化的统一基因，非遗保护关系到国家的文化安全。目前，我国非遗保护工作还存在诸多问题，现有保护手段创新驱动不够，传统的保护方法已不适应时代发展要求。以数字网络技术为代表的新媒体技术的广泛应用，为非遗的保护与传承提供了科学有效的方法和途径。本章就新媒体技术对非遗保护传承的现状和发展策略进行了探讨。

非遗是人类文明和智慧的结晶，是文化多样性的体现，包含着民族特有的精神价值、思维方式。中华民族在统一又多元的文化演进过程中，孕育了丰富的非物质文化遗产，形成了民族文化宝库。如何应用新媒体技术，提升非遗保护的科技含量，构建科学有效的非遗保护传承路径，破解当前困境，是非遗工作需探讨研究的问题。

## 一、我国非物质文化遗产保护面临的困境

近半个世纪以来，我国非物质文化遗产遭到了较大程度的破坏，无论是"文革"把非遗误判为封建文化，还是现代经济急剧发展，全球化使西方娱乐文化全面涌入，都对我国原有的多样性文化生态造成了前所未有的冲击，我国非遗保护工作长期得不到应有的重视。

### （一）现代化发展进程的冲击

随着现代化进程的加快，我国社会经济文化急剧变迁，社会结构发生了重大变化，外来文化对本土文化的冲击使原有的传统民俗、民间文艺、重大节日礼仪和习俗正在消失。特别是随着城镇化进程的加快，原本乡土文化气息浓重的村落逐渐出现"空心"现象，原住民流失，传统村落锐减，原有的生产生活方式、社会关系逐渐消失，乡土文化日益衰落，一些靠口传心授的非遗项目逐渐失传，民间文艺组织被解散，非遗传承未能很好地与现代生活接轨、与社会同步发展，断层巨大，非遗传承面临挑战。

（二）非遗保护措施传统单一

目前，我国非遗保护工作仍停留在政府扶持和传承人自觉传承阶段，未能很好地调动社会力量和大众参与，特别是引入新的科技保护方法不够，许多非遗属于独门绝技，往往因人而存，人绝艺亡。一些地方政府保护经费投入不足，科技保护人才匮乏，保护手段缺少科技含量，大大地制约了非遗的保护与传承。新媒体技术迅速崛起，改变了传统生产生活方式，也改变了非遗的文化生态和人们保护非遗的观念，人们在日常生活中通过新媒体技术维护和修复非物质文化遗产，使这些有价值的活态文化重新回归现代生活，在现在生存环境中生生不息，成为民众精神家园的重要文化元素。

**二、新媒体技术的应用为非物质文化遗产保护带来新突破**

随着科技的发展和互联网的普及，新媒体技术悄然渗透到人们的生活中，数字技术与移动技术通过互联网、无线通讯网、卫星和电子终端产品，向用户提供信息服务。可以说，新媒体技术丰富了人们获取知识信息的方式，改变了人们的生活，同时也给非遗保护传承带来了机遇和挑战。应用新媒体技术科学有效地开展生产性保护和社会宣传，使之融入当代生活，激发非遗自身生机和活力，已成为优化提升非遗保护传承工作的重要支撑。

（一）创新手段，推进非遗数据库建设

《中华人民共和国非物质文化遗产法》明确指出："文化主管部门应当全面了解非物质文化遗产有关情况，建立非物质文化遗产档案及相关数据库。"这是国家法律层面明确指出的非遗数字化保护的必要性。《国家"十二五"时期文化改革发展规划纲要》明确指出，要启动非遗数字化保护工程和传播工程。借助现代化数字信息技术，可以把已有的非遗档案编辑转化为数字化格式，保存于计算机硬盘、光盘等介质中，实现对非遗数据的大规模存储和管理。同时，新媒体技术提供了包括数字摄影、运动捕捉等全新的采集手段，实现了对非遗项目、传承人、生态保护区的监测评价。数字化存储技术为非遗保护提供了新的手段，整体上提升了非遗保护水平。

从 2002 年至 2006 年，我国举办了三届文化遗产数字化保护研讨会。在 2010 年我国第五个文化遗产日，首都博物馆举行了"感受遗产——中国非物质文化遗产数字化成果展"，展示了非遗数字化保护与研究的方式成果。文化部于 2010 年 10 月启动了"中国非遗数字化保护工程"，委托中国艺术研究院在 5 个月时间内，完成了山东高密扑灰年画、陕西秦腔和安徽徽派传统三个试点项目数字化采集，建立了非遗资源数据库中的项目库、专题库。目前，运用现代信息采集技术，对濒危的非遗项目及老年体弱的传承人的技艺进行全面记录，建立档案和数据库，是非遗抢救性保护的重要方式。例如，安徽省2012年启动非遗项目及传承人抢救性采录工程，2014年1月完成60项国家非遗项目抢救性采录，将采录的录音、录像、文字整理分类，形成的文本和影音资料总量已超过6TB，初步建立了非遗数据库。随着非遗保护工作的深入，运用到新媒体技术对非遗进行真实、系统的记录，是全面推进非遗保护工作的必然要求。

（二）融入生活，使非遗贴近人民大众

非遗的根基在民众生活中，根据联合国教科文组织相关规定，真正的非遗保护应该是活态保护，旨在保护文化的多样性和不同文化群体的传统、个性及认同感。所以，运用网络传播和信息共享技术广泛宣传，开展传承工作，留住儿时的记忆和乡愁，培育民众文化主体意识非常重要。有不少省市依托生产性保护示范基地、传习基地，运用新媒体技术开展社区传承活动，安徽亳州国家级非遗项目——华佗五禽戏——拍成微电影在网络视频和手机平台上开展传承工作；安徽省黄梅剧院从2011年以来连续推出3D黄梅戏舞台剧《牛郎织女》《天仙配》《女驸马》等剧目，充分运用了现代数字舞台技术展示国家级非遗戏曲的魅力，拓宽了戏剧舞台的表现空间，吸引了更多年轻的观众。目前，电视台和政府组织也运用大众媒介宣传优秀文化遗产，安徽电视台开辟了《相约花戏楼》栏目，运用电视和网络长期推介安徽非遗戏曲。中央电视台热播的《舌尖上的中国》从饮食文化切入，将许多传统食物制作技艺类的非遗展现在屏幕上，传播中国社会从农业文明到现代科技中的饮食文化、习俗仪式，展示了中国饮食文明，增强了文化的吸引力和认同感。歌手谭维维在《中国之星》舞台上，与入选第一批国家级非遗项目陕西华阴老腔合作演绎的一首《给你一点颜色》在网上盛传，以刚直高亢、磅礴豪迈的唱腔震撼人心，被誉为"教科书级的中国摇滚乐"，展示出古老戏曲的生命力和文化价值，为活态保护传承提供新的思路。

（三）走进校园，让非遗步入年轻人的心灵

非遗文化的多样性、活态流变性孕育出创新创意的文化基因。让青少年学生认同民族文化，运用和表达民族文化，培育有时代眼光和传统文化底蕴的新型人才是教育的责任。安徽省已将非遗校园活动纳入素质教育的重要内容，写入《安徽省非物质文化遗产条例》。常年邀请非遗专家走入校园讲授非遗知识，如安徽省文化厅与安徽师范大学签订战略合作协议，在非遗传习基地建设、传承人培训方面进行深度合作。在非遗进校园活动中，新媒体技术提供了重要的技术支持，制作的课件和宣传片，通过3D、虚拟现实、人机交互等技术，可以使非遗虚拟再现、知识可视化及互动操作，使知识性与趣味性相统一，增强了学生的新鲜感和好奇心，切身体验非遗的魅力，调动了学生学习的积极性。同时，让学生根据教学需要，课余时间利用新媒体设备设计、创造有个性、感兴趣的素材，吸收非遗文化多样性的成果，接收传统文化的熏陶，提升学生的创新能力和动手能力。

### 三、运用新媒体技术保护非物质文化遗产的发展策略

尽管我国运用新媒体技术保护非遗工作取得了一些成绩，但仍处于起步阶段。新媒体技术正在从一种外在非遗的技术手段向非遗内在生命力转化，影响着非遗的保护理念，目前有大量的工作亟待探索。

#### （一）建立国家统一的数字平台标准

在深入研究我国各类非遗技艺相关特点的基础上，国家要牵头制定包括非遗数字化采集、数字资源存储管理和应用等相关工作体系及技术标准，构建统一规范的非遗数字化保护标准体系，建立一个类别齐全、内容丰富的中国非遗资源数据库群，改变目前多数非遗数据库结构简单、标准不一、共享差的现状。设置用户管理、定制推送及互动交流等个性化定制活动，使非遗通过网络实现传播者、大众、专家之间多方信息互动，以满足关注非遗不同人群的需求。标准规范体系的建立，有利于信息资源融合共享和资源统一整合，有利于后期研究及应用。

#### （二）新媒体技术的运用要重视非遗文化内涵

互联网技术、信息技术有助于对文化遗产进行深度开发、保护和利用，但新媒体技术的运用，应坚持文化立场，在完整记录传统技艺和流程的基础上，注重表达非遗的真实性和文化性，不能本末倒置、一味追求画面感而忽视非遗文化本身。如果忽略非遗中的精神追求和生存观念，仅仅注重外在的唯美画面和新奇文化样式，打破传承人与文化遗产精神内核之间的文化衔接，就会成为被复制的文化产品和含义流失的文化碎片。新媒体技术只是工具和手段，需要技术人员在工作中与非遗专家、传承人通力合作，全面了解非遗的文化内涵和历史演变，真实表达非遗的文化价值和技艺流程，才能科学有效地发挥新媒体技术在非遗保护中的作用。

（三）运用"互联网＋"的理念创新非遗保护

"互联网＋"是互联网思维的实践成果，是指利用互联网平台、信息通信技术把互联网与传统行业结合起来，在新领域创造一种新生态。具有跨界融合、创新驱动、重塑结构、尊重人性、开放生态、连接一切的特点。非遗的延续、传承和发展本身就是不断创新的过程，在现代社会中实现传统文化的创造性转化是不断创新的过程，是时代交给我们的命题。现在很多非遗产品，如安徽黄冈柳编、黄山毛峰就借助于网络平台远销海内外；腾讯通过众筹模式帮助贵州黔东南的通关村建立了侗族大歌生态博物馆，为非遗保护探索出新路径。要充分利用移动互联网、云计算和大数据等新兴信息化载体为非遗生产性保护服务，运用大数据分析非遗项目的发展趋势，分析地区、族群的文化生态，通过建立数字化分析模式，为非遗保护研究提供依据。信息技术为非遗跨界利用创造有利条件。

四、结语

非物质文化遗产中包罗万象的艺术内容及独特的审美价值，可以帮助人们在传统与创新、个人与社会、个人与自然等关系中寻找平衡，在急速变迁的社会中避免"单面人"的出现和人的异化现象的发生，也可以让人们在物欲横流的社会大潮中，为自己的精神家园带来一些慰藉。当下，非遗的保护与开发面临矛盾与困境之时，新媒体技术的出现和发展，为非物质文化遗产的传播与推广提供了新的表现形式和媒体形态。同时，中华民族数千年来传统文化资源传播的历史责任，也对新媒体技术有着更高的内涵要求。所以，在利用新媒体进行非物质文化遗产的传播与宣传的过程中，必须避免简单意义上的现代化技术与传统文化的堆砌，避免唯经济效益是图的功利心态，在利用新媒体进行传播和宣传时，用认真的态度进行创新，在非物质文化遗产的传播过程中寻找新媒体自身的新盈利模式。唯有如此，才能让媒体承载起古老的民族之魂，并借助新媒体之翼，使非物质文化遗产得到更多人的关注和喜爱，而让非物质文化遗产的开发和保护，真正进入良性发展的轨道。

非物质文化遗产作为民族文化象征，凝结了民族文化精髓，展现了地域人民的精神状态，在地域文化与传承中起着关键性作用。文化与科技发展密不可分，伴随着物联网、云计算、大数据、4G 网络的发展，移动智能设备及公共资源平台建设的普及与繁荣，非物质文化遗产的保护与传承迎来了新的挑战与机遇。在以信息技术为主导的产业发展与技术革命时代，对文化遗产的传承带来了强大的冲击，同时也推动和促进了文化产业的发展与升级。非物质文化遗产及其传承人，随着现代社会的发展逐渐减少和消逝，而非物质文化遗产越加迫切地需要保护与传承的新方法和新途径，以此唤起公众对非物质文化遗产的记忆。数字化展示媒介恰恰为其提供了良好的平台，对非物质文化遗产的保护与传承起到了积极作用。

# 第十五章
# 新媒体技术在非物质文化遗产保护中的实践
## ——非物质文化遗产的数字化应用

数字化手段在我国文化遗产保护中主要有数字化复制存储、数字化建模再现及数字化虚拟漫游和 4D 影像体验等几种应用形式,主要集中于数据保存和商业性旅游、娱乐等方面,从而出现侧重复制保存模式、趋于商业化等问题。本章研究新媒体技术与数字化展示之间的关系,分析多元数字展示中的新媒体技术的应用现状,从传统文化类非物质文化遗产分析新媒体技术在非物质文化遗产数字化展示中的创新应用及针对当下数字化手段在文化遗产保护中存在的诸多应用。

文化遗产的数字化保护是在文化遗产保护日益受到重视和数字化制作技术逐渐成熟的条件下出现并不断发展的,将先进的数字化技术运用到珍稀文化遗产保护中,是文化遗产保护工作的福音,也是当代先进科技的创新性应用。

## 一、数字化手段在文化遗产保护中的应用现状

目前,国内外在文化遗产保护上多借助于数字化建模、虚拟修复、数字化管理、数字化展示、数字化复制存储、数字化仿真、虚拟现实、数字动画与数字合成影像等技术框架、关键技术和典型系统应用,对文化遗产实体进行数字化复制、模拟或数字虚拟形式的架构,以数字化手段对其加以虚拟保存或再现。

### (一) 新媒体技术与数字化展示

早期的数字化展示广泛地应用于电影艺术领域,被认为是包含投影技术和传输技术的展示手段,具备广泛与便捷的传播优势。伴随着互联网技术、多媒体技术及虚拟现实技术等众多新技术的广泛应用,数字化展示的概念被赋予了更丰富的内涵及外延。所谓数字化展示,是以展示内容为主体,以数字化技术为现实手段,通过各类新媒体和数字媒体技术,实现展示内容的数字化呈现的方式。新媒体技术的应用,为数字化展示提供了全新的展示方法和表现手段,其不受国界、地域、时间和空间的限制,将多种媒体信息进行整合创新,形成信息化传播的新平台。

（二）数字化手段在我国文化遗产保护中的重点应用领域

我国文化遗产的数字化保护，始于 20 世纪 90 年代初，经过二十余载的发展，主要在对以古遗址、古建筑、古石窟、古村落，古代壁画、造像、绘画、文献等为代表的物质文化遗产，以及在对古乐曲、传统剧目、民族民风民俗等为代表的非物质文化遗产的数字化复制、复原、4D 影像体验、数字影像记录、增强现实再现等方面取得了大量重要成果。目前，我国已有一批较为成熟和成功的数字化保护成果，如故宫博物院早在 1999 年年底建立起存有 5 万余张影像数据的数据库；2001 年开通了"数字故宫"网站，一方面通过信息电子化建设现代化故宫，另一方面加强故宫的数据建设，提供国际信息互联和检索服务；2006 年至今，陆续完成了各个大殿建筑的数字测绘工作，为真正呈现"数字故宫"做最后的准备工作。目前，故宫的网站已能为观众提供资讯、导览、时空漫游、资料搜寻等多方位信息服务，数字化程度已在国内博物馆中领先。再如，秦始皇兵马俑数字博物馆运用全景摄影、虚拟现实等手段，为公众游览和学术研究提供双方面数字信息，该馆还利用计算机复原技术等手段解决了珍贵文物修复的难题。此外，河姆渡文化遗址、武陵地区文化遗址、圆明园遗址等文化遗产管理单位都在大力推进数字化保护方案和技术策略研究。数字化保护已成为越来越多的文化遗产负责部门的共识。

**二、非物质文化遗产数字化展示方式中的新媒体技术**

非遗的数字化展示方式根据不同种类非遗的表征和特色，通过各类数字化技术进行信息的归类与存储，运用各类新媒体技术实现数字化展示，不仅将人体的各种感觉器官充分调动起来，而且让观众对展示内容有了更系统、全面的了解。

（一）非物质文化遗产的分类

联合国教科文组织将世界非遗分为口头传说、表现形式、表演艺术、社会实践、礼仪、节庆活动、有关自然界和宇宙的知识与实践、传统手工艺等类别，而我国国务院公布的国家非遗目录中，将其分为 10 类。笔者根据研究需求，将其整合归纳为三大模块，即传统表演模块、传统技艺模块和传统文化模块。

（二）内容要素

传统文化主要将文字和声音作为史料记载，在大众接受信息时，通常借助视觉去感知前人的时代背景和生活习惯。传统技艺强调实践经验，具有较高的技巧性，需要通过互动交流来准确地传播前人在各领域的工艺流程与技巧。传统表演是通过音乐旋律、肢体动作、口鼻发音及环境互动等多元素的融合来传达时代文化，具备程式化的特征。通常，人们借助画面与听觉进行记忆和理解，根据各类非遗的自身属性与特色，分别从年代特征、作者信息形态要素、创作特色、表现风格、技艺手法等核心要素进行分类与提炼。

（三）信息数据库建设

利用数字化技术对非遗进行信息分类与储存，建立 6 类素材数据库，即文本库、图片库、音频库、动作库和模型库，将数据库与 5 类展示途径进行综合交叉应用，最终实现对非遗信息的有效展示与传播。

（四）多元展示方式

非遗的种类多样且内容复杂，因此对应的展示方式也不尽相同，可将其分为传统信息展示类型、机械控制展示类型、交互触屏展示类型、传感器式展示类型及虚拟现实展示类型等。

（五）感知体验展示

为了完善与丰富非遗内容展示的互动性与信息传播的有效性，从视、听、触、嗅四个角度，有效地调动人类感知和获取信息的体验感受，为非遗的数字化展示设计提供参考。

数字化展示设计模型见图 1，它分析和研究了不同种类非遗所适合的展示方式和手段，根据信息传播的侧重点选取合适的新媒体技术手段与方式，既能将不同种类非遗的文化特质展现出来，又能使观众获得最佳的观赏体验。

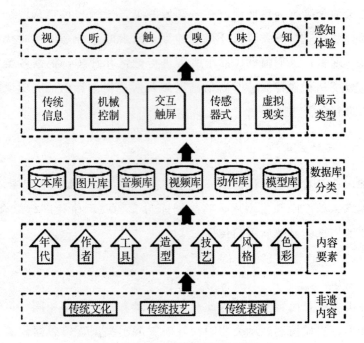

图 1　数字化展示设计模型

### 三、在非物质文化遗产数字化展示中新媒体技术的创新应用

传统文化中的民间故事大多以文字为主要传播形式，面临着传播媒介单一、形式缺乏创新、难以吸引受众等问题。将传统文化中的抽象信息转化为色彩、造型、风格等具体要素，整合输出可视化图片和视频等数据形式，能够充分调动用户的积极性，使用户获得良好的感官体验。

#### （一）传统文化类非遗的数字动画创新应用

传统文化中的民间故事大多以文字为主要传播形式，面临着传播媒介单一、形式缺乏创新、难以吸引受众等问题。将传统文化中的抽象信息转化为色彩、造型、风格等具象内容要素，整合输出可视化图片和视频等数据形式，能够充分调动用户的积极性，使用户获得良好的感官体验。

动画作为视觉影像的重要分支，在故事叙述及视觉呈现方面具备直观性与生动性的特点，因此，适合应用于传统文化中神话、预言、谚语等文学遗产的视觉化再现与数字化创新中。2013 年，贵州金黔在线报业数字传媒有限责任公司倾力打造的《贵州民族民间传说系列动画集》，以数字动漫的形式将贵州 17 个少数民族的民间传说制作成了系列动画，带来了良好的社会反响。其设计的动画片 *DRAWING*，题材同样选取了中国家喻户晓的神话传说"神笔马良",讲述了一个叫马良的孩子,利用白胡子神仙赠送的神笔来助人为乐、惩恶扬善的故事。该书 1995 年由上海电影制片厂制作成了同名电影,是中国第一部在国际上获奖的动画影片,2014 年又由上海炫动传播股份有限公司出版了同名 3D 动画电影,通过借用该故事的核心精神理念,将事件的发生时间从古代转变到了现代,演变为了一部呼吁人们减少欲望和找回童真的故事。它是对传统故事的再创作,以全新的视角展现了故事的核心价值理念,不仅传播和宣扬了真善美,而且还通过融入新时代的故事情节与故事原本内容实现了再创新。

(二) 传统技艺类非遗的交互式创新应用

传统技艺的内涵决定了其流程的传播属性。将信息节点交互化,能让观众得到最真实的参与感和体验感,利用各类跨屏设备的便捷性与易用性特征,能让观众随时随地且方便快捷地观赏和使用。

以陶瓷技艺和造纸技艺为代表的中国古代发明,属于典型的传统技艺类,对中国乃至整个世界的发展具有重大影响。它虽然被社会大众熟知,但是人们对其背后复杂及专业的制作流程和工序却知之甚少。数字绘画的方式可以形象地描绘出这些技艺详尽的场景道具和制造细节,能够运用交互式方法让用户体验工艺的操作流程,在视觉与触觉的结合下完成文化信息的传达和接受。获得 2015 年第二届中国高等院校设计作品大赛视觉传达类三等奖的《认识中国》,它采用了基于触摸屏的互动设计,将印刷工艺和造纸技艺等非遗技艺的制作工序和流程,制作成了具有交互功能的计算绘本,让观众对中国古代发明背后的非物质文化制作技艺有了更直接和形象的认识,通过分工序、分步骤式的展示,让用户更容易操作和理解。

(三) 传统表演非遗的虚拟仿真创新应用

传统表演是集音乐、动态、故事等多种视听元素为一体的、高度融合的非遗文化,它通过数字化的影音打破了地域,完成了标准化还原,实现了文化共享。例如民间传统皮影戏,皮影通过刀刻和彩绘两种工艺制造而成,历经十余道复杂工序才能完成,不仅需要手工艺人高超的技术水平,而且还花费时间。通过数字 3D 打印技术,能够达到 1∶1 实体仿真效果。此外,硬件技术的发展也使皮影的智能化操控成为现实。例如,在公益性的网络比赛"机器人创想秀"中,西安电子科技大学的学生设计制作的皮影表演机器人,将古老的皮影表演艺术与机电一体化技术、计算机技术相结合,再现了精彩的皮影戏表演,重新诠释了传统表演艺术。

## 四、非物质文化遗产数字化传承现状

自 2003 年联合国教科文组织颁布《保护非物质文化遗产公约》以来，世界各国对非物质文化遗产的重视提升到了新的高度。我国政府也在非物质文化遗产保护与传承领域投入了大量的人力、物力、财力。我国先后于 2005 年和 2011 年颁布了《关于加强我国非物质文化遗产保护工作的意见》和《中华人民共和国非物质文化遗产法》。同时，文化部、科技部等国家部委对非遗保护和学术科研领域给予了大力支持；各级地方政府也通过行政、经济等手段保护和传承地方非物质文化遗产。然而，我国非物质文化遗产保护与传承仍有诸多问题亟待解决，尤其是在非物质文化遗产保护与传承的数字化建设背景下，这些问题更为凸显。非物质文化遗产的数字化建设工程，对非遗保护与传承是一种资源统计、整合、保存、传播的过程。在非遗的数字化进程中，数据库建设是传承保护的基础，地域间合作共享数据资源是非遗传承的条件，适当的政策扶持与产业化建设是非遗传承的手段。

### （一）缺乏数据库标准化建设

《中华人民共和国非物质文化遗产法》明确指出："文化主管部门应当全面了解非物质文化遗产有关情况，建立非物质文化遗产档案及相关数据库。"此法案在法律上明确了非物质文化遗产数字化建设的要求。非遗内容丰富、种类繁多，呈现方式多样化，有图像、表演、音乐、制作技艺、模型等形式。在非遗数据库建设架构、内容、媒介等方面缺乏相关标准，导致各地建设的数据库标准不一，无法实现中华非物质文化遗产的全面标准的数据采集及数据呈现，这将直接导致在非物质文化遗产数字化应用过程中出现诸多问题。

### （二）缺乏资源共享机制

非物质文化遗产保护与传承过程中，由于非遗类别的差异化，导致对非遗资源采集的方式有所不同，其获得的数据资源也就不同。各地在信息采集、资源应用、传播媒介等对非遗的有效传承方式与手段方面没有实现合理的资源共享，导致大量非物质文化遗产局限在其原生地，且导致国家的资源浪费和重复投入。非遗数字化的根本目的是对非遗的传承和应用。只有建立有效的资源共享机制，加强地方非遗保护的沟通合作，建设大数据平台的数据库资源，减少无序的资源浪费，才能实现非遗数字化的初衷。

（三）过度产业化建设

非物质文化遗产传承与产业化建设有极大的关联。产业化建设随着工业发展与经济建设有了极大变革，但是，过度产业化建设带来了适得其反的效果。新技术带来的技术变革，使得非遗传承陷入了另一个困境，如激光雕刻的剪纸作品、数码印刷的"木版年画"、3D 打印的"泥人张"泥塑等，让普通受众无法分辨真伪。

随着科技发展，很多传统手工艺类非遗已经走向"生产线"式的规模化制作，而表演类非遗则变成了商业活动。非物质文化遗产的产业化及商业化旅游资源的开发，为非遗传承与展示提供了平台，也为大众提供了更多接触非遗的机会，然而过度商业化也使得非物质文化遗产丧失了文化的意味。

（四）倚重技术实现的机械复制模式

大量文化遗产的数字化保护，实质上是依托数字复制、数字存储、数字建模、虚拟现实等技术，以实现数据保存和数据虚拟再现为目标。我国最早开始进行文化遗产数字化保护工作的单位之一——敦煌研究院，从 1993 年开始进行"敦煌壁画计算机存储与管理系统研究"项目至今，已进行多次课题攻关，以期解决弘扬敦煌艺术与减少人文损害之间的矛盾。截至目前，敦煌研究院已完成 256 窟的虚拟全景制作，并实现互联网开放游览，但与此同时，各方投入的资金也已达到数亿元，还有高昂的人力、物力成本，而敦煌壁画和彩塑仍在不断地褪色与遭受侵蚀。对数字技术更新换代的追求，并没能使文化遗产的保护成果更加丰富、多样，而是仍停留在复制、记录的范围内。

非物质文化遗产的数字化保护在客观上是有很多难点的，但我们对数字技术与艺术诸多可能性的认识不足、开发不足、投入不足也在很大程度上影响了非物质文化遗产数字化保护的范围与效果。数字技术与艺术的多媒体、多维度、多层次、动态交互、超越时空、以人为本等特性从某种意义上讲更贴近非物质文化遗产的特性，而目前大多仅仅依靠数字拍摄手段的记录保存，将非物质文化遗产变成了资料式保存，显然没有充分发挥出这些具有灵活性与再生性的遗产内容的文化价值。

**五、数字化手段对于文化遗产传承与创新的时代诉求**

文化竞争力对国家的战略作用已成为世人共识，特色鲜明、历史悠久的民族传统文化，日益成为全球竞争的关键要素，对它的保护与传承也成为考量一个国家发展程度的标尺，文化的全球化竞合已经对文化遗产的保护提出了新的要求。

### （一）提高文化软实力需要数字化创新

文化遗产作为一个民族的文化精华，在塑造民族精神、提高国家实力、促进国际交流中具有举足轻重的作用。但仅将文化遗产的保护理解为减轻损耗、延缓退化、定时修复、复原保护等，对充分挖掘其展现、传承民族价值和意识的文化使命，是远远不足的。只有提升文化遗产内涵的创意附加值、增强文化产品的历史和民族属性，才能充分借助全球化传播的契机，使文化遗产成为当下乃至未来富有生命活力的文化部分。

数字化平台和相关产品形态，正日渐为社会大众所广泛运用，以 Web3.0、移动触媒等为代表的新媒体成为构建和传播国家文化软实力的重要组成部分。数字媒体技术和艺术为公共外交提供了新的思路，其最大限度地实现了人际沟通、多重维度传播文化、艺术价值的优势，有利于聚合最新科技和社会潮流，使文化遗产的承载和传达更为形象和生动，是全球传播新媒体语境下民族文化得以弘扬的有效平台。目前，与我国经济发展速度相比，文化实力的发展明显滞后，而文化遗产作为文化软实力的重要组成部分则亟待提速。

### （二）增强文化话语权需要数字化创意

民族文化遗产的生命力，并非止于原地原物保护，而应在走向世界的特色之路上发挥其精神话语的价值。目前，文化、艺术珍品的全球化鉴赏与传播已成主流趋势，随着互联网通信及数字化技术的进一步发展，文化遗产的展示与交流逐步趋向云端。如谷歌在 2011 年推出了"艺术计划"（art project），结合其优势技术"街景视图"，将全球著名的艺术珍品以 70 亿像素的高清晰度呈现于世界网民的眼前，现已包括大都会艺术博物馆、凡尔赛宫等 17 家博物馆、美术馆。通过这一平台实现虚拟漫游，使人们足不出户即可进行全球文化交流。数字化手段，不仅具备将文化遗产的保护从平面、单一的复制、展示导向立体、多元的开发和创造的可能，而且具备扩大其传播效应、将之推广至全球范围，使之成为民族文化标识，走出去，以生动多样的形态参与全球化格局下的文化竞争、实现文化传承与创新的可能。

## 六、数字化手段在文化遗产保护中的创新性应用思路

### （一）从基础性保护走向创新性传承

数字技术发展到今天，其作用已不局限于工具意义上的便捷，而是以文化艺术

的创造能力为世人瞩目。文化遗产的数字化传承与创新，不同于其他机械式保护方法，在于发挥数字技术与艺术独特的文化创造力量和艺术审美价值，不断推进技术革新、快速融合既有资源、广泛综合各类成果。韩国文化在历史上与我国古代文化有着深厚的渊源关系。构成韩国历史的高句丽、百济、新罗"三国"时代，包含了韩国重要的文化遗产。在其保护工作中，韩国采用了大量数字化传承与创新手段，建立起了由遗址、古村落保护、民俗生活体验、数字虚拟再现、4D影像体验、新媒体演艺、数字出版、角色扮演、数字影片、数字博物馆、数字游戏等项目构成的立体、动态保护圈，在保护"三国"物质文化遗产的基础上，衍生、开发出了负载着"三国"元素的诸多数字产品，使文化遗产变活、变鲜，不仅扩大了其物质文化遗产的影响力、传承力，而且将其中非物质文化的东西加以形象生动地呈现，融汇了当代人的理解与创造，使传统文化伴随着时代的发展而成长。

数字化传承与创新，将使文化遗产焕发出新的文化艺术价值，具体体现在：①提高保护的附加值和增值空间，即创新性传承赋予传统文化遗产新的概念、内涵和当代普世价值；②以自身的开放性丰富保护的维度，即突破记录、模拟的单一模式，使文化遗产保护方法与数字媒体艺术形态发展并行，创新多种传承方式；③发挥数字化创造潜能，焕发文化遗产内涵，即充分利用数字媒体互动、虚拟、合成、增强现实等功能，赋予文化遗产时代生命力，延续其作为文化经典的示范意义；④集文化遗产精髓创造出新的民族文化精品，即突破某一个或某一类文化遗产的界限，同时突破文化遗产与数字技术的主从关系，将两者有机、双向地融合在一起，创造出更符合时代审美期待的新的民族文化精品，使文化遗产的内涵成为流动性、传播性、生长性的价值载体，使东方文化获得更广泛的世界影响力。

（二）大力培育促进文化遗产数字化传承与创新发展的复合型人才

文化遗产的数字化传承与创新，要求大量知识和技能更为复合的人才加入进来，建立起结构更为优化、体系更加完整的工作团队。其构成主要包括以下方面：①复合型创作人才。熟悉文博知识、具有创意思维、拥有创作经验、具备数字技术常识与意识的创作型人才。②复合型制作人才。理解概念设计，掌握了一定的文博知识，具备娴熟的数字技术应用能力，能够将艺术设计思维同技术实现紧密结合的制作人才。③复合型管理人才。文化遗产的传承与创新工作是以跨领域、跨专业的团队合作为特征的，因此，它需要既具有前瞻性眼光、深度理解文化遗产保护工作，又具备顶层设计能力、掌握人才资源和内容资源、理解新技术新概念、深谙文化市场运作的新型管理人才。④复合型理论研究人才等。

### (三) 数字化手段应用于文化遗产传承与创新的新模式

文化遗产的数字化呈现除了数字化建模、数字化仿真、虚拟游览和数据库等保护层面的形式外，还可以是具有更多艺术附加值的数字作品，如具有传统价值内涵的数字影视作品、创作维度自由的数字动画作品和可供深度参与的数字互动作品等。这些数字媒体艺术类别能够提供文化遗产创新性传承所需的创作空间和技术支持，并赋予其当今时代的文化艺术新质。

#### 1. 数字影视

数字影视在文化遗产传承与创新领域中的运用，一方面，是数字技术在文化遗产类影视作品中的特效功能，以《敦煌》《故宫》《西湖》《太极武当》为代表的数字纪录片，即在文化遗产的传统题材范畴内，通过以数字化摄制、特效、合成等技术手段，创造了许多时空上穿越古今、情节上艺术虚构、场景上虚实共生的镜头，打破了历史文物展示拘泥于实物实景、此时此地的物质束缚，使文化遗产的传播更加生动、鲜活和感人。另一方面，数字视觉技术的开发，为文化遗产保护提供了立体影像等新的影视形态，各种影像如穹幕、柱幕、巨幕、环幕电影的介入，以及目前最先进的裸眼立体技术的应用，可提升观感的全息效果和环境的渲染氛围，有助于增强文明的可观性、文化的可感性。如西安大明宫文化遗址，制作了 3D IMAX 电影《大明宫传奇》、球幕电影《飞越大明宫》等数字立体化视觉作品，成为继美国之后世界领先的立体视觉文化遗产保护范例。此外，还有加入了环境特效模拟仿真的 4D、5D 技术，使人们能在视听之外，借助物理刺激增强临场感的体验，将传统的文化遗产内容与现代的声、光、电、网络等形式结合，让身处信息时代的观众能够在身临其境式的历史浏览中，得到对文化遗产最生动的解读。数字影视技术的应用，给参观者带来了沉浸式的感官体验，充分发挥了现代视听技术集多样性、时空性、全息性为一体的优势，为营造全真的历史文化氛围、呈现完整的文化遗产景观提供了广阔空间。

#### 2. 数字动画

数字动画的出现，使动画从传统的绘制手法和作品形态，发展为数字艺术的创作理念，成为可融入多媒体环境、构成作品艺术手法、服务终端感官传达的新媒介，大大拓展了动画在文化遗产传承领域的作用范围。目前，网络动画、触屏动画、喷溅动画、体感动画等新的动画理念和应用形式正逐步加入到文化遗产数字化传承工作中来，如：基于触摸屏图形、三维图形等技术的触屏动画，可增强交互、自主、体验式的人机关系；借助动态感应和捕捉技术实现的体感动画，能随时捕捉观看者的目光和其他肢体动作，智能计算人的即时动态和兴趣所在，使信息的提供与交互更为集中、有效；而喷溅动画的应用，不仅增强了视觉作品的动态美感，还能够展示传统艺术绘制过程中的工艺，并为参与者的体验与创作提供进一步的技术支持。2006年起，国家文物局开始主办文化遗产动漫大赛，越加重视动画这一集文化与科技于一身的创意产业对文化遗产的保护、普及和推广的重要作用。数字动画的应用创新，将使文化遗产的传播更加直观、准确和层次丰富，为其进一步传承与创新提供新的思路和方法。

### 3. 数字交互产品

传承与弘扬文化遗产，增进大众对其文化艺术内容的理解、激发人们对民族传统的情感核心，数字交互作品正是适应这一需求的传承与创新形态，其互动、参与、体验式的设计，既能够丰富文物的解读方式，又能够调动受众的参与热情，可针对不同文物个体进行独具新意的创作。台北"故宫博物院"将毛公鼎内部的铭文制成了数字化交互作品，并在全景播放室内进行展示，观众自主选择铭文中的金文，数字系统则会对该字进行解读并演示其字形的历史变化，同时，对铭文的展示还与剪纸、国画、戏曲等其他艺术形式结合起来，使观众对毛公鼎的认知比直观实物带来的视觉感受更为丰富和有趣。此外，台北"故宫博物院"将名画加以技术处理，制成数字国宝：观众用扇子对着数字国画《早春图》微拂，画中的松柏、云雾就会"随风"左右摇摆，云中也开始穿梭腾飞的水墨祥龙；观众对着数字国画《梅花山鸟》轻轻一吹，画中山鸟便展翅飞到数字国画《云白山青》的风景里，惊起画中松柏间栖息的众鸟。这样的数字化交互作品，使人们对传统文物的观赏从静态、凝望变为动态、参与，提高了其趣味性和当代美学韵味。

## 七、结语

非遗作为人类历史上具有重要影响力的文化财富，是数千年来先民勤劳与智慧的结晶。伴随着人们生活方式和习惯的改变，人们需要与时俱进地运用现代科技，探索非遗数字化展示与传承的创新应用，提高非遗展示的科学性、知识性和观赏型，提升中国文化软实力。近年来，中国提出的建设公共数字文化服务平台，可以充分地展现资源数字化、技术智能化和传播网络化等优势，借助公共服务设计思维和流程设计，综合地运用互联网站、智能移动终端、社交媒体和各类创意传播等新兴传播形式，通过设计驱动创新机制，将非遗技艺和作品通过数字化展示实现深度与广度的传播，这对于提升大众的参与意识，实现社会利益的最大化都有好处。

文化遗产数字化传承与创新，远不止本章所见、所想，其形式也将是多元、多样的，且适合不同文化遗产类别而各有独特表现的。总之，文化遗产的数字化保护，应该立足当今世界文化激烈竞争的大背景，突破机械性复制的初期阶段，警惕唯商业利益是从的功利化危害，以开放性的思维拓展数字化对文化遗产的作用。注重传承与创新，以再生性、发展性、创造性的姿态把握文化遗产在当代社会乃至未来的延展，充分弘扬文化遗产的典范价值，使之推陈出新，成为当代乃至未来鲜活文化的重要组成部分。从最直观的角度来看，网络对于非物质文化遗产保护最大的好处在于它能让现代生活中的人们注意到非物质文化遗产，并意识到非物质文化遗产的宝贵且全力保护，能给关注非物质文化遗产的人们提供一个广阔的交流平台。

网络时代的到来，为非物质文化遗产传播，提供了现代化的技术支撑。从此，非物质文化遗产有可能获得更为广阔的传播空间。而与此同时，不能忽略的问题是，现代社会的民众能否以久违的激情，充分利用互联网的对话优势，传承代表着文化多样性和文化身份认同的非物质文化遗产。非物质文化遗产信息网络传播模式中，非物质文化遗产网站是一个必要的组成部分。非物质文化遗产信息资源库和非物质文化遗产网站之间的关系是相辅相成的，非物质文化遗产信息资源库是中心数据库，而非物质文化遗产网站则是其必要和有益的补充，如河北省非物质文化遗产保护网，这是一个专注于河北省非物质文化遗产保护的特色网站，此网站内有比较详细的非物质文化遗产资源库，其中包括基础信息数据库和理论研究数据库。基础信息数据库包含了比较详细的非物质文化遗产介绍、传承人、保护方法与传承方式等信息，数据库成为向河北省百姓宣传非物质文化遗产的基地、中心和代言人。

近些年来，众多的非物质文化遗产界人士已经认识到了非物质文化遗产理论的研究对弘扬中华非物质文化遗产的重要作用，他们在该网站的理论研究专栏中，从本学科的建设、社会学、人类学、非物质文化遗产专业的一般理论等诸多角度做了尝试，发表了许多颇具学术造诣的专著、论文，填补和拓宽了非物质文化遗产理论研究领域的空白。

非物质文化遗产保护工作是一件促进文明、功在当代、利在千秋的大事。加强非物质文化遗产保护是保持人类文化多样性和确立文化身份的重要措施，是传承中华文明、繁荣社会主义先进文化的重要内容。由此可以看出，非物质文化遗产保护进校园作为非物质文化遗产保护工作的重要组成部分，是非常有必要的。历史经验告诉我们，任何一个社会群体的发展都需要凝聚力，而一个群体或者民族的凝聚力最根本、最重要的是来自文化认同。我们今天所进行的非物质文化遗产保护事业，除了在保护中国千百年来积淀起来的各种传统艺术形式方面应发挥重要作用外，还应充分考虑到这些传统表现形式在传承中华文明，特别是传承中华道德文明、增强民族自信心和民族凝聚力方面将发挥的重要作用。本书的结束并不代表研究的止步，本书仍然存在着许多不足之处。因此，在以后的学习、生活中，笔者会继续关注这方面的学术动态、时政形式等，不断提高自身能力和水平，为进一步研究该课题打下坚实的基础。

# 参考文献

[1]余金刚.群众路线与中国国家治理:以国家和社会关系为视角的分析[J].社会主义
研究,2014(06):60-65.

[2]陈庆渊."群众路线"与中国"纵向民主":内涵、意义与实践[J].临沧师范高等专科
学校学报,2014(04):24-28.

[3]吕虹.政党—社会关系视角下的群众路线实践创新[J].理论学刊,2014(10):
58-62.

[4]贺永泰.海外学者对群众路线的政治学评价[J].中国井冈山干部学院学报,2014
(05):96-100.

[5]蔡文成,徐雯君.动员与整合:群众路线实践的政治过程[J].甘肃理论学刊,2014
(04):33-38.

[6]丁德昌.村民自治与农民公民意识的培育[J].辽东学院学报(社会科学版),2014
(03):77-83.

[7]熊孝梅.当代中国公民意识的现状与培育[J].人民论坛,2014(06):45-47.

[8]燕继荣.现代国家治理与制度建设[J].中国行政管理,2014(05):58-63.

[9]陈向红.论群众路线与民主政治建设的理论和实践基础[J].学术探索,2014(04):
47-51.

[10]王海峰.群众路线与基层政权的民主化改革:基于国家制度建设的视角[J].中国
延安干部学院学报,2014(02):53-63.

[11]燕继荣,何增科,叶庆丰.关于国家治理现代化的对话[J].科学社会主义,2014
(01):4-7.

[12]郭广平.群众路线与群众运动关系的历史考察(1921-1976)[J].黄河科技大学学
报,2014(01):50-55.

[13]丁晓强.党的群众路线的理论研究及其前沿问题[J].晋阳学刊,2013(05):3-7.

[14]傅慧芳.公民意识建构的中国理路:基于对西方公民意识普世性的反思[J].政治
学研究,2013(05):45-54.

[15]郭为桂,高莹.党的群众路线的实现机理及其时代转型[J].中共福建省委党校学报,2013(10):15-20.

[16]彭智平,张晓丹,陈东,等.论社会转型期群众路线的新理念及其践行维度[J].成都师范学院学报,2013(09):75-79.

[17]徐志宏.群众路线中党群关系的角色定位与功用发挥[J].重庆社会科学,2013(08):14-19.

[18]高祖林.群众路线的意义、问题与时代主题[J].毛泽东邓小平理论研究,2013(06):12-15,90.

[19]冯莉,江凤环.社会转型期群众路线的新形势与新趋势[J].毛泽东邓小平理论研究,2013(04):15-19,92.

[20]刘海霞.公民意识培育的当代价值及路径[J].创新,2013(02):30-32,42,126-127.